ANTOLOGÍA DE POESÍA INFANTIL

COLECCIÓN ANTOLOGÍAS

EDICIONES UNIVERSAL, Segunda edición, Miami, Florida, 2011

Ana Rosa Núñez (Ed.)

ANTOLOGÍA DE POESÍA INFANTIL

Copyright © 1985 by Ana Rosa Núñez

Primera edición, 1985

Segunda edición, 2011

EDICIONES UNIVERSAL
P.O. Box 450353 (Shenandoah Station)
Miami, FL 33245-0353. USA
Tel: (305) 642-3234   Fax: (305) 642-7978
e-mail: ediciones@ediciones.com
http://www.ediciones.com

Library of Congress Catalog Card No.: 85-81795

ISBN-10: 0-89729-369-X
ISBN-13: 978-0-89729-369

Composición de textos: María Cristina Zarraluqui

Obra en la cubierta de Julio Hernández rojo

Todos los derechos
son reservados. Ninguna parte de
este libro puede ser reproducida o transmitida
en ninguna forma o por ningún medio electrónico o mecánico,
incluyendo fotocopiadoras, grabadoras o sistemas computarizados,
sin el permiso por escrito del autor, excepto en el caso de
breves citas incorporadas en artículos críticos o en
revistas. Para obtener información diríjase a
Ediciones Universal.

A todos los que fueron niños en el destierro.
A todos los niños del exilio.
A todas las madres en el éxodo.
A todas las maestras sin patria.

A MODO DE PRIMER VERSO

En todo hombre hay un niño dormido y en todo niño un hombre por despertar. Y pobre de nosotros si así no fuera. La semilla debe morir para que nazca un árbol, una hoja, un bosque, una sombra, una brisa, una primavera y un corazón para cantarlo y una piel para sentirlo. Si no muere la semilla, ¿qué sería de la vida de la flor, del fruto? Ni flores, ni veranos, ni estaciones, ni manos para decir adiós a los otoños. No es el caso de volver a nacer, es el caso de ser. Bien lo supieron los pintores puerilistas y bien lo saben los escritores de la poesía y de los cuentos infantiles. Ellos se hacen niños (porque llevan un niño dentro) para llegar al niño (que lleva escondido un hombre o una mujer dentro). Todo se lo dejamos a la vida y al tiempo. Nuestra tajada de luz para cortar y atar esa rama que lleva escondida toda semilla en la tierra.

ANA ROSA NÚÑEZ
Julio 1985

RECONOCIMIENTOS

A todos los poetas incluidos en esta obra.
A J. E. Fernández por su valiosa colaboración en la selección del material incluido.
A Julio Hernández Rojo por la portada que ilustra esta antología.
A la Dra. Dolores Rovirosa por su asistencia en la redacción y supervisión de los índices incluidos en la misma.
A mi madre que me cantó canciones de cuna y me enseñó rondas para andar los caminos de la vida con la misma cautela y la necesaria inocencia de los niños.
A todos los lectores futuros de la misma.
A Juan Manuel Salvat, el editor de todos.

ANA ROSA NÚÑEZ
Agosto, 1985
Miami, Florida, U.S.A.

I

CANCIONES DE CUNA

NIÑITO, VEN

Niñito, ven; puras y bellas
van las estrellas a salir.
Y cuando salen las estrellas
los niños buenos a dormir.

Niñito, ven; tras de la loma
la blanca luna va a asomar;
cuando la blanca luna asoma
los niños buenos a soñar.

Niñito, ven; ya los ganados
entran mugiendo en el corral.
Cierra tus ojos fatigados
en el regazo maternal.

Niñito, ven; sueña en las rosas
que el viento agita en su vaivén;
sueña en las blancas mariposas...
Niñito, ven. ¡Niñito, ven!

AMADO NERVO
(mexicano)

CANCIÓN DE CUNA
(Letra y música: Blanca R. Villa)

El niñito está dormido
la Virgen cantando va
mientras lo mece en la cuna
tralalá, lalá, lalá.

Cuando el canto llega al cielo
que todo de fiesta está
corean los angelitos
tralalá, lalá, lalá.
Duerme, duerme mi niñito
al lado de tu mamá
que todo el mundo te canta
tralalá, lalá, lalá
que todo el mundo te canta
tralalá, lalá, la...lá...

LA VIRGEN SE ESTÁ PEINANDO

La Virgen se está peinando
debajo de una palmera;
los peines eran de plata,
la cinta de primavera.
Por allí pasó José;
le dice desta manera:
—¿Cómo no canta la Virgen?
¿Cómo no canta la bella?
—¡Cómo quieres que yo cante,
solita y en tierra ajena,
si un hijo que yo tenía,
más blanco que una azucena,
me lo están crucificando
en una cruz de madera?
Si me lo queréis bajar,
bajádmelo en hora buena;
os ayudará San Juan,
y también la Magdalena,
y también Santa Isabel,
que es muy buena medianera.

Autor anónimo

MECIENDO

El mar sus millares de olas
   mece, divino.
Oyendo a los mares amantes,
   mezo a mi niño.

El viento errabundo en la noche
   mece los trigos.
Oyendo a los vientos amantes,
   mezo a mi niño.

Dios padre sus miles de mundos
   mece sin ruido.
Sintiendo su mano en la sombra
   mezo a mi niño.

GABRIELA MISTRAL
(chilena)

LAS CANCIONES DE NATACHA

I

Se enojó la luna,
Se enojó el lucero,
Porque esta niñita
Riñó con el sueño.

Duérmete, Natacha,
Para que la luna
Se ponga contenta
Y te dé aceitunas.

Duérmete, Natacha,
Para que el lucero
Te haga una almohadita
de albahaca y romero.

II

La loba, la loba
Le compró al lobito
Un calzón de seda
Y un gorro bonito.

La loba, la loba
Se fue de paseo
Con su traje rico
Y su hijito feo.

La loba, la loba
Vendrá por aquí,
Si esta niña mía
No quiere dormir.

III

—El sueño hoy no quiere
Venir por acá,
Anda ratoncito
A ver dónde está.

—Señora, mi ama,
Yo lo vi bailar
Con dos damas rubias
En la casa real.

—Díle que Natacha
Se quiere dormir:
Que mi niña es buena
Como un serafín.

—Que venga en seguida
Y le daré yo
Un collar de plata
Y un limón de olor.

IV

Por los caminitos
De Jerusalén
Va un niñito rubio
Camino a Belén.

Le dan los pastores
Tortas de maíz,
Leche de sus cabras
Y pan con anís.

El niñito tiene
Los rizos de luz.
Duérmete, Natacha,
Sueña con Jesús.

V

Señor jardinero,
Déme usted a mí
Un capullo pálido
Y otro carmesí.

Los pondré en la almohada
Donde mi Natacha
Hunde su mejilla
Rosadita y blanca.

Y al día siguiente
Tendrá usted, así,
Dos rositas blancas
Y dos carmesí.

VI

La señora Luna
Le pidió al naranjo
Un vestido verde
Y un velillo blanco.

La señora Luna
Se quiere casar
Con un pajarito
De plata y coral.

Duérmete, Natacha,
E irás a la boda
Peinada de moño
Y en traje de cola.

JUANA DE IBARBOUROU
(uruguaya)

CANCIÓN DE CUNA PARA DORMIR A UN NEGRITO

Ninghe, ninghe, ninghe
tan chiquito,
el negrito
que no quiere dormir.
Cabeza de coco,
grano de café,
con lindas motitas,
con ojos grandotes
como dos ventanas
que miran al mar.
Cierra esos ojitos,
negrito asustado;
el mandinga blanco
te puede comer.
¡Ya no eres esclavo!
Y si duermes mucho,
el señor de casa
promete comprar
traje con botones
para su criadito.
Ninghe, ninghe, ninghe,
duérmete, negrito
cabeza de coco,
grano de café.

ILDEFONSO PEREDA VALDÉS
(uruguayo)

CANCIÓN DE CUNA CONGA

Tata polele lembaka
Solembaka luñé puati Kuamé
Munu sunga ensambi
Luñé, luñé.

(Duérmete mi niño
para que subas al cielo
y le lleves a Dios
un tabaco bueno.)

LYDIA CABRERA
(*Reglas de Congos. Palo Monte
Mayombe palo monte*)
Inédito

CON TAL QUE DUERMAS

La rosa colorada
cogida ayer;
el fuego y la canela
que llaman clavel;

el pan horneado
de anís con miel,
y el pez de la redoma
que la hace arder:

todito tuyo
hijito de mujer,
con tal que quieras
dormirte de una vez.

La rosa, digo:
digo el clavel.

GABRIELA MISTRAL
(chilena)

CANCIÓN DE CUNA DE LOS ELEFANTES

El elefante lloraba
porque no quería dormir...
—Duerme, elefantito mío,
que la luna te va a oír...

—Papá elefante está cerca,
se oye en el manglar mugir,
duerme, elefantito mío,
que la luna te va a oír...

El elefante lloraba
(¡con un aire de infeliz!)
y alzaba su trompa al viento...
Parecía que en la luna
se limpiaba la nariz...

ADRIANO DEL VALLE
(español)

EL CARACOL, LA LUCIÉRNAGA Y EL GRILLO

Qué dichoso el caracol,
que tiene un casco de vidrio
y duerme bajo la col.

Más dichosa es la luciérnaga
que por las noches se alumbra
con una verde linterna.

¡Pero más dichoso el grillo,
porque sabe una canción
para dormir a mi niño!

FERNANDO LUJÁN
(costarricense)

CANCIÓN DE CUNA PARA LOS JUGUETES

Arrorró, muñeca,
arrorró, payaso,
arrorró el osito,
arrorró el caballo...

Los que tenéis ojos,
los que tenéis boca,
ojitos de vidrio,
boquitas de loza.

Arrorró, muñeca,
arrorró, payaso,
arrorró el osito,
arrorró el caballo...

Los que tenéis música,
los que tenéis cuerda,
—¡ay qué dulce música,
ay qué corta cuerda!—,

Arrorró, muñeca,
arrorró, payaso,
arrorró el osito,
arrorró el caballo...

A dormir tranquilos
todos en mis brazos:
boquitas de loza,
pechitos de paño,
ojitos de vidrio,
patitas de palo...

A dormir calientes
todos en mis brazos:
mi linda muñeca,
querido payaso,
o... si... to...
ca... ba... llo...

GERMÁN BERDIALES
(argentino)

CANTO DE CUNA DEL LITORAL ARGENTINO

Cantaba, cantaba la tarde,
cantaba, cantaba el maíz,
cantaba, cantaba el sereno:
mi niño no quiere dormir...

La noche, jinete de humo,
galopa silbando a su perro.
Las nubes se duermen al paso;
mi niño se queda despierto...

La luna regala naranjas
y el sapo le pide la suya.
Mi niño, cerrando los ojos
tendrá la más grande y madura.

   Fryda Schultz de Mantovani
      (argentina)

NANA DE LA TORTUGA

Verde, lenta, la tortuga.
¡Ya se comió el perejil,
la hojita de la lechuga!
¡Al agua, que el baño está
rebosando!
Y sí que nos gusta a mí
y al niño ver la tortuga
tontita y sola nadando.

   Federico García Lorca
      (español)

ESTRELLITA

Estrellita sobre
mi pecho caída:
¡ay! de milagrosa
no pareces mía.

Me dormí una noche,
desperté con ella
que resplandecía
caída en mis trenzas.

Grité a mis hermanas,
que acudieron prestas:
¿No veis que en las sábanas
echa luz y tiembla?

Y saliendo al patio
clamé a las incrédulas:
¡Mirad que no es niña,
palpad que es estrella!

Llenaron mi casa
las comadres trémulas.
¡Y unas me la tocan
y otras me la besan!

Y días y días
ya duran las fiestas,
en torno a la cuna
donde arde mi estrella.

Este año no cae
la escarcha a las huertas,
no muere el ganado,
se cargan las cepas.

Me bendicen todas
y mi amor contesta:
¡Ay, dejad dormir
mi niñita estrella!

Luz, echa su cuerpo
y luz sus pupilas,
y la miro y lloro,
¡que es mía y es mía!

Gabriela Mistral
(chilena)

YO NO TENGO SOLEDAD

Es la noche desamparo
de las sierras hasta el mar.
Pero yo, la que te mece,

Es el cielo desamparo
si la luna cae al mar.
Pero yo, la que te estrecha,
¡yo no tengo soledad!

Es el mundo desamparo
y la carne triste va.
Pero yo, la que te oprime,
¡yo no tengo soledad!

                GABRIELA MISTRAL
                    (chilena)

II

JUEGOS INFANTILES

TIN, MARÍN

Tin, marín,
de los tingüé,
cúcara, mácara,
títere fue.

Toma la piedra
guárdala bien,
que no te la vean
vasallos ni rey.

Una vez fuimos tres
al palacio del inglés;
el inglés cogió la espada
y mató al cuarenta y tres.

Un negrito cocinero
se ha quejado a la justicia,
porque un gato le ha robado
cien varas de longaniza.

Unilla, dosilla,
tresilla, cuartana,
arruga la tez
color de manzana,
escápate tú
que te toca esta vez.

La gallina «lorigá»
puso un huevo en la «quebrá»
puso uno, puso dos,
puso tres, puso cuatro
puso cinco;

guárdate el bizcocho
para mañana a las cinco.

Una, dona, tena, catena,
quina, quineta,
estaba la reina
en su camareta;
vino Gil, tocó el candil,
candil, candol,
cuéntalas bien
que las veinte son.

Autor Anónimo

LA MUÑECA

Tengo una muñeca
vestida de azul,
con su camisita
y su canesú.

La saqué a paseo,
se me resfrió;
la metí en la cama
con mucho dolor.

Esta mañanita
me dijo el doctor
que le dé jarabe
con un tenedor.

2 y 2 son 4,
4 y 2 son 6,
6 y 2 son 8
y 8 16,
y 8 24
y 8 32,
ya verás, muñeca,
si te curo yo.

Autor Anónimo

MAGIA DE ESTRELLAS

Estrellita blanca,
estrellita azul
mira mi muñeca
con traje de tul.

Dale tú la mano
para que camine;
báñale sus rizos
con tu dulce luz,
cántale la nana
para que se duerma.
Luego ya dormida
déjala en su cuna:
más bella y más blanca
que la misma luna.

   Lil de María Ramos
    (costarricense)

TROMPO DE COLORES

Tengo un trompo de colores
azul, rojo y amarillo,
no hay otro que baile más
ni dé vueltas como el mío.

Tiene un sombrerito verde
y un zapato carmesí;
el otro no se le mira
porque yo se lo escondí.

Los brazos se le cayeron
de tanto y tanto girar,
pero le nacen alitas
cuando se pone a bailar.

Escondido no sé dónde
tiene un sonoro violín
y lo toca dando vueltas
en su pie de bailarín.

También canta cuando baila
porque tiene corazón,
corazoncito de alambre
que se le vuelve canción.

     Angelina Acuña
     (guatemalteca)

LOS DIEZ PERRITOS

Yo tenía diez perritos
y uno no come ni bebe
ya no más me quedan nueve,
nueve, nueve, nueve, nueve.

   De los nueve que tenía
   uno se comió un bizcocho
   ya nomás me quedan ocho,
   ocho, ocho, ocho, ocho.

De los ocho que quedaban
uno se tragó un machete
ya nomás me quedan siete,
siete, siete, siete, siete.

   De los siete que quedaban
   uno se quemó los pies,
   ya nomás me quedan seis,
   seis, seis, seis, seis.

De los seis que me quedaban
uno se mató de un brinco,
ya nomás me quedan cinco,
cinco, cinco, cinco, cinco.

De los cinco que quedaban
uno me lo mató un gato
ya nomás me quedan cuatro,
cuatro, cuatro, cuatro, cuatro.

De los cuatro que quedaban
uno se volteó al revés,
ya nomás me quedan tres,
tres, tres, tres, tres.

De los tres que me quedaban
uno se murió de tos,
ya nomás me quedaban dos,
dos, dos, dos, dos.

De los dos que me quedaban
uno se murió de ayuno,
ya nomás me queda uno,
uno, uno, uno, uno.

Y ese uno que quedaba
se lo llevó la tostada
ahora ya no tengo nada,
nada, nada, nada, nada.

Autor Anónimo

LA CHIRINGA

La chiringa allá en el aire
sabe más que tú y que yo.
sabe cosas de las nubes
que no sabemos los dos.

Nimia Vicéns
(puertorriqueña)

III

ORIENTACIONES

LA ESPERANZA

¿Qué me traes?
—Mucha riqueza.
—¿En tesoros?
—Inmortales.
—¿Para qué?
—Para tus males.
—¿Pues qué padezco?
—Tristeza.
—¿Qué me infundes?
—Fortaleza.
—¿Buscas?...
—El mal que te alcanza.
—¿Qué prometes?
—Bienandanza.
—¿De qué sirves?
—De consuelo.
—¿De dónde vienes?
—Del Cielo.
—Dime tu nombre.
—Esperanza.

JOSÉ SELGAS
(español)

LA CAMPANITA

Alegre como una alondra madrugadora,
locuela como pluma que viene y va,
yo soy la campanita que da la hora:
¡Din-dan!... ¡Din-dan!...

Yo soy la que te digo: «Niño, descansa;
mi toque de oraciones te arrullará.
Yo soy la que en las fiestas repica a vuelo:
      ¡Din-dan!... ¡Din-dan!...

Yo soy la que te digo: «Niño, despierta;
despierta, que los libros te aguardan ya;
el sol de la mañana dora tu puerta».
      ¡Din-dan!... ¡Din-dan!...

Suspensa entre la tierra y el infinito,
yo sueño toda dicha, todo pesar;
yo soy quien a las almas a orar invito.
      ¡Din-dan!... ¡Din-dan!...

                AMADO NERVO
                (mexicano)

CAMINITO DE LA ESCUELA

Caminito de mi escuela:
Buenos días. Aquí estoy.

No me ensucies los zapatos
Que los he lustrado hoy.

Mamá me peinó mis moños
Y planchó mi delantal.

Ten cuidado, caminito
No los vayas a ensuciar.

            BLANCA ESTRELLA
            (venezolana)

EL LÁPIZ

Amarillo, verde o rojo
con el alma de carbón
Por un lado está tu oficio
de escribiente o de pintor;

por otro, coronado
por un rojo borrador,
luces siempre con orgullo
tu sombrero de latón.

Te diviertes, dando saltos,
sobre el rostro del papel,
donde imprimes las mil formas
de las huellas de tus pies.

Al salir de la vitrina
no sabías caminar,
lo aprendiste entre mis manos
larguirucho colegial.

Se fatiga mi cerebro,
tú trabajas sin pensar.

Y se gasta tanto y tanto
tu espinazo de carbón
que al final sólo aparece
tu sombrero de latón.

MARCELO ZAMBRANO T.
(ecuatoriano)

EL LIBRO

Yo tengo un amigo; mi mejor amigo;
noble compañero de toda mi vida;
es franco y es serio y a veces alegre;
cura mis tristezas, restaña mi herida.

Él me va diciendo sus preocupaciones,
él me cuenta todo con sinceridad;
él me obliga y hace que mi vida tenga
el noble sentido de la utilidad.

Es justo y es bueno y es sabio a la vez;
es lágrima a veces y a veces canción,
y en cada problema y en cada congoja
se abre como un lirio, como un corazón.

Este amigo bueno que dice las cosas
con toda franqueza, con sinceridad,
ha querido siempre que mi vida tenga
el noble sentido de la utilidad.

Gonzalo Dobles
(costarricense)

EL RUEGO DEL LIBRO

He aquí, niña mía,
que me han hecho tu amigo;
he aquí que cada día
conversarás conmigo.

Ponme una ropa obscura,
la ropa de labor;
trátame con dulzura,
cual si fuera una flor.

No me eches manchas sobre
la nieve del semblante;
no pienses que recobre
su lámina brillante.

Gozarás, cuando veas
que hermoso me conservo.
Sufrirás, si me afeas,
del daño de tu siervo.

Verás, cuando oigas locas
historias infantiles,
qué charladoras bocas
son mis ojos sutiles.

Mi saber es liviano,
mi saber no es profundo;
Niña, me das la mano
y yo te muestro el mundo.

Yo te presento un hada
y te charlo del sol,
de la rosa encarnada,
prima del arrebol;

de la patria gloriosa,
de las almas de luz,
de la vida armoniosa
del maestro Jesús.

Mis hojitas nevadas
piden sólo un favor:
de tus manos rosadas
un poquito de amor.

GABRIELA MISTRAL
(chilena)

MI PRIMERA GRADUACIÓN

Cuando yo llegué a la escuela
no sabía ni la O.
La S me parecía
un rabito de ratón.

Pero mi buena maestra
fue paciente y me enseñó.
Aprendí todas las letras
en la diaria lección.

A de árbol, B de boca,
C de campo, D de Dios,
E de escuela... ¡Cuántas letras
tuve que aprender, Señor!

Hoy, cuando el año termina
siento gran satisfacción,
pues le regalo a mamita
mi primera graduación.

Te lo debo a ti, maestra...
¡Dios te dé su bendición!
Ya sé leer y muy pronto
me graduaré de Doctor.

              CARMEN NATALIA
                (dominicana)

LA BALANZA DELATORA

Hizo comprar don Andrés
tres libras de carne a Inés;
y como faltaron dos,
exclamó: —«¡Buenos, por Dios!
¿Dos libras de sisa en tres?»

Ella echó la culpa al gato;
y él, por ver si era comedia,
de una balanza en el plato
puso al gato... ¡y el ingrato
sólo pesó libra y media!

           MIGUEL AGUSTÍN PRÍNCIPE
                  (español)

VACACIONES

Kindercito mío:
¡qué contento estoy!
vacaciones tengo
y a dejarte voy.

Pero yo jamás
olvidar podría
que me diste siempre
horas de alegría.

En tu seno mi alma
encontró el amor
y por eso siento
que ahora soy mejor.

Estas vacaciones
pronto han de pasar.
Me verás de nuevo
tu calor buscar.

<small>Graciela Rojas Corales</small>
(costarricense)

MANIFIESTO DEL ÁRBOL

Cuida siempre de mis nidos
y mis ramajes floridos.

En mi tronco y mis raíces
no quiero ver cicatrices.

Cuida de mi fruta verde,
pues madura no se pierde.

Sálvame del que se empeña
en hacer del árbol leña.

Y del hacha y del hachero,
como el rayo, traicionero.

Salva la flor de mis ramas
de la angustia de las llamas.

Venme a regar con tu mano
en los días de verano.

Y dile a aquel que me ignora,
que tengo un alma sonora.

El que por mi lado pasa,
siempre encuentra en mí su casa.

Mi casa madura el trino,
que es la virtud del camino.

En mi follaje se encierra
vida, amor, canción y vuelo.

Tengo la raíz en tierra
y la copa abierta al cielo.

Manuel F. Rugeles
(venezolano)

PALABRAS DE UNA MATITA

Si la matita recién nacida
hablara, diría al cuenco
maternal de la semilla:
—¡Mamá, mamá,
tengo un dedito
de hoja primeriza!

—Mírame los zapatos
de raíces...
¡Cómo voy a crecer!

—Ahora soy
el enano
Pulgarcito,
pero seré
el gigante
Gulliver.

Morita Carrillo
(venezolana)

LA FLOR Y LA MIEL

Las flores del romero,
niña Isabel
hoy son flores azules,
mañana serán miel.

    Luis de Góngora
       (español)

VOCES DEL JARDÍN

La Guadaña

Caigo sobre la hierba sin blandura;
la siego toda a la misma altura.

La Pala

En la tierra salvaje endurecida
penetro vertical y decidida.

La Azada

Pero en seguida entro yo en funciones;
deshago y pulverizo los terrones.

El Rastrillo

Como una cabellera bien peinada
queda la tierra de una rastrillada.

La Regadera

Aplaco el polvo gris que se levanta...
El que trabaja se sonríe y canta.

    Baldomo Fernández Moreno
       (argentino)

PENSAMIENTOS DE NIÑA

Creo que las flores ven
Y a veces las nubes juegan;
Creo que el viento les dice
Cosas gratas a las yerbas,
Que se agitan y se ríen
Cuando él va charlando entre ellas.

A veces por las mañanas
Me voy solita a sus fiestas,
Y me divierto mirando
Las margaritas inquietas.
Les habla el viento al oído,
Corre, salta, juguetea;
Y ellas, en alegres giros,
Mueven sus lindas cabezas.

(Tomada del inglés)
(Trad. de M. Fernández Juncos)
(puertorriqueño)

PIECECITOS

Piececitos de niño,
azulosos de frío,
¡cómo os ven y no os cubren,
Dios mío!

¡Piececitos heridos
por los guijarros todos,
ultrajados de nieves
y lodos!

El hombre ciego ignora
que por donde pasáis,
una flor de luz viva
dejáis;

Que allí donde ponéis
la plantita sangrante,
el nardo nace más
fragante.

Sed, puesto que marcháis
por los caminos rectos,
heroicos como sois
perfectos.

Gabriela Mistral
(chilena)

EL MOSQUITO

Al acercarse a mi cara
El mosquito su canción
Canta, cual si deseara
Conquistar mi corazón.
Mas su actitud no se explica
Porque después de cantar
Traidoramente me pica
y entonces vuelve a volar.

Juan B. Huyke
(puertorriqueño)

LA GOTA DE AGUA

¡Qué gota de agua, ésta,
tan humilde, tan buena!

Es un diamante
y no lo sabe.

Es una perla
y le daría vergüenza
que alguien se lo dijera.

Pero se pone ufana
si oye que la comparan
a una lágrima.

Luis Alberto Murray

IV

NATURALEZA

IREMOS A LA MONTAÑA

A la montaña,
nos vamos ya,
para jugar.

En sus laderas
el árbol crece,
brilla el arroyo,
la flor se mece.

Que lindo el aire,
qué bello el sol,
azul el cielo,
se siente a Dios.

Vivan mis valles
los Calchaquíes
y mis montañas
que al sol se ríen.

Está la tarde
de terciopelo,
malva en la piedra,
rosa en los cielos.

A la montaña
formemos ronda,
ronda de niños,
ronda redonda.

ALFONSJNA STORNI
(argentina)

LLUVIA BARRENDERA

Anoche barrió la lluvia
el pisito azul del cielo,
lo barrió con escobita,
con escoba de aguacero.

Las estrellas palmoteaban
como niñitos contentos:

—¡Ay, ay, ay!, que nos barre la lluvia,
¡ay, ay, ay!, el espejo del cielo.

Niña luna se peinaba
con peinilla de lucero...

—¡Ay, ay, ay!, que se peina la luna,
¡ay, ay, ay!, que la peina el lucero.

La escobita de la lluvia
se fue a barrer otros cerros...

—¡Ay, ay, ay!, que los barre la lluvia,
¡ay, ay, ay!, que los barre ligero...

ÁNGELES PASTOR
(puertorriqueña)

LA TORTUGUITA PINTADA

¡La tortuguita pintada
qué pena y gracia me da!
Lleva sobre el lomo duro
un paisaje tropical.
No le pesa el sol redondo
ni le pesa el manantial,
ni la palmera que entona
su cántico matinal.

¡La tortuguita pintada
qué pena y gracia me da!

CARMELITA VIZCARRONDO
(puertorriqueña)

¡QUIQUIRIQUÍ!

Despierten todos
que el sol se asoma
sobre el silencio
azul turquí.

¡Qui-qui-ri-quí!...

Entre los montes
adormecidos,
hace la aurora
un traje añil.

¡Qui-qui-ri-quí!...

Revolotean
sobre las flores
las mariposas
del mes de abril.

¡Qui-qui-ri-quí!...

Despierten todos
que el sol ya brilla
sobre la fuente
de mi jardín.

¡Qui-qui-ri-quí!...

JUAN B. GROSSO
(argentino)

EL MONO PEPITO Y EL OSO PIPÓN

El mono Pepito,
y el oso Pipón,
visitan al casa
del gnomo Pom-Pom.

Alegre recibe
el gnomo Pom-Pom
al mono Pepito
y al oso Pipón.

Hablaron del bosque,
del prado, de amor;
del verde sendero
cuajado de sol.

Comieron bananas,
frutillas, jamón,
ciruelas, duraznos
y un rico melón.

Dichoso despide
el gnomo Pom-Pom
al mono Pepito
y al oso Pipón.

JUAN B. GROSSO
(argentino)

LOS PATITOS DEL CORRAL

¡Pirulín!
¡Pirulán!
Los patitos
del corral,
en hileras
ya se van,
muy contentos
a nadar,
a la charca
de cristal.

¡Pirulín!
¡Pirulán!
Vamos todos
a cantar,
con los patos
del corral
que se fueron a nadar,
a la charca
de cristal.

¡Pirulín!
¡Pirulán!
El gallito
catalán,
con los patos
no se va
porque dice
que jamás,
él un baño
tomará.

Juan B. Grosso
(argentino)

LOS POLLITOS

Como en la clase,
como en la escuela,
parecen niños
con la maestra.

Va la gallina con los pollitos.
Son tan redondos, tan redonditos,
tan afelpados, tan amarillos
como las flores del espinillo.

Todo lo miran y picotean;
luego se esparcen listos y alegres,
mas si los llama la madre, acuden
como los chicos más obedientes.

Como en la clase,
como en la escuela,
parecen niños
con la maestra.

> Fernán Silva Valdés
> (uruguayo)

EL SAPITO GLO-GLO-GLO

Nadie sabe dónde vive,
Nadie en la casa lo vio.
Pero todos escuchamos
al sapito: glo... glo... blo...
¿Vivirá en la chimenea?
¿Dónde diablos se escondió?
¿Dónde canta cuando llueve,
el sapito Glo-glo-glo?
¿Vive acaso en la azotea?
¿Se ha metido en un rincón?
¿Está bajo de la cama?
¿Vive oculto en una flor?
Nadie sabe dónde vive,
Nadie en la casa lo vio.
Pero todos escuchamos
cuando llueve: glo... glo... glo...

> José Sebastián Tallón
> (argentino)

CANARITO

Mi canarito tiene
la voz de cristal,
en la mañanita
se pone a cantar.

Alegra la casa
su trino de amor
y brilla su traje
cual rayo de sol.
Oro en la garganta,
cristal en la voz,
canarito mío,
¡dame tu canción!

OSCAR JARA AZÓCAR
    (chileno)

EL GORRIÓN

Amaneció cansado...
Más encorvado
aún el pico fuerte.
Sufría en el camino
su diminuta sombra cenicienta.

Cavó él mismo un sencillo
hoyo para su cuerpo.
y se dejó caer.
sin fuerzas, dentro...

Entonces las piadosas
manos del viento
cogieron unos cuantos
pañuelos verdes
de los eucaliptos
y cubrieron
el arpa, ya sin notas,
de su cuerpo...

JULIO J. CASAL
   (uruguayo)

PENSAMIENTOS DE UN PAJARILLO

En mi primera casita
me encontraba muy contento:
creía que el mundo era
redondo, frágil, estrecho
y azul pálido.

Después
viví en un nido pequeño:
entonces creí que el mundo
estaba de pajas hecho.

Más tarde, alcé la cabeza...
El mundo era más extenso
y de hojas verdes formado.

Alcé, por último, el vuelo,
y ahora... el mundo no sé
de qué ni cómo está hecho.

Manuel Fernaández Juncos
(puertorriqueño)

LA RANITA

Cucú, cucú, cantaba la rana,
cucú, cucú, debajo del agua;
cucú, cucú, pasó una señora,
cucú, cucú, con falda de cola;
cucú, cucú, pasó un caballero,
cucú, cucú, de capa y sombrero;
cucú, cucú, pasó una criada,
cucú, cucú, llevando ensalada;
cucú, cucú, pasó un marinero,
cucú, cucú, vendiendo romero;
cucú, cucú, le pedí un poquito,
cucú, cucú, para mi pollito,
cucú, cucú, no lo quiso dar,
cucú, cucú, me eché a revolcar.

Autor Anónimo

EL MOLINO

Sigue el agua su camino
y al pasar por la arboleda
mueve impaciente, la rueda
del solitario molino.

    Cantan alegres
    los molineros
    llevando el trigo
    de los graneros.
    Trémula el agua
    lenta camina;
    rueda la rueda,
    brota la harina
    Y allá en el fondo
    del caserío
    al par del hombre
    trabaja el río.

La campesina tarea
cesa con el sol poniente,
y la luna solamente
guarda la paz de la aldea.

    GREGORIO MARTÍNEZ SIERRA
              (español)

ROMANCE PARA UN AMANECER

El buey rosillo del alba
Por los caminos del cielo
Viene tirando del día,
Bufando nubes de aliento.

No necesita de yugos;
Viene uncido estando suelto;
Una voluntad lo enyuga:
La del celeste carrero.

Trae una carga liviana
—Pura pluma, puro acento—.
Trae una preciosa carga
De pájaros tempraneros.

Ante su paso se oculta
Hasta el último lucero,
Pues no necesita luces
Quien de luz tiene hecho el cuerpo.

Todo el campo se colora
Con el tinte del misterio;
Llega el aliento de Dios
En las alitas del céfiro.

El buey rosillo del alba
Por los caminos del cielo
Viene tirando del día,
Bufando nubes de aliento.

Fernán Silva Valdés
(uruguayo)

PALOMITA EN LA PLAYA

A la orilla del mar
canta una paloma,
dulcemente canta
tristemente llora,
la blanca paloma:
se van los pichones
y la dejan sola.

Edda Arriga
(venezolana)

MI VAQUITA BLANCA

—Mi vaquita blanca
que paciendo estás
por el verde prado,
junto al platanal.

Mi vaquita buena
de dulce mirar,
¿qué haces por el prado?
—Pastar y pastar.

—Cuando a ti me llego.
¿qué me vas a dar?
—Leche tibia y fresca
como el manantial.

—Mi vaquita linda,
ven aquí conmigo.
—La hierba está tierna
y el prado dormido.

Mi vaquita blanca
de mirar tranquilo,
te llama el establo,
pues ya el sol se ha ido.

EDDA ARRIGA
(venezolana)

SUEÑO DEL CERDITO RUBIO

Un cerdito rubio
estaba muy triste
en la esquina verde
de un claro corral.
Estaba muy triste
y su sueño era
que alguna mañana
le nacieran alas
rubias de cristal...

Cuando quiere trinos
el cerdito rubio
tiene que hozar,
y cuando se oye
su pru pru tan triste
él sueña que canta
sobre el lodazal.

No le dieron nombre
para la poesía,
su nombre el poeta
no mencionaría
con las golondrinas,
con las mariposas...
Nadie le diría:
«Cerdito de sueño
cerdito de rosas,
eres de cristal.»

Esta mañanita
porque yo le canto
su sueño tan lindo
de querer volar.
¡Sobre su lomito
parece que nacen
parece que brillan
alas de cristal!

   Nimia Vicéns
   (puertorriqueña)

CORDERITOS

Los corderitos
de mi cordillera
ni son de azúcar
ni son de cera.
De niebla son,
de dulce niebla,
con pezuñitas
de cielo y sol.

Carmen Alicia Cadilla
 (puertorriqueña)

EL ALMENDRO

Mi sombrilla de almendro
Roja en febrero
A los soles de junio
Verde te quiero.

¿Cuándo cambias de traje?
Nunca te veo,
Por más que en mi ventana
Velo que velo.

Para ver si sorprendo
Qué astro del cielo
Es el que trae tu traje
Nuevo en febrero.

Nimia Vicéns
(puertorriqueña)

LIMONERO

Limonero.
Blanco y verde,
limonero.
La luna te puso
camisa y babero.
El viento te mece.
Te canta el lucero.
...Y desde mis ojos
te besan los niños
que nunca te vieron...

¡Cuidado con tus uñitas,
que están largas,
limonero!

Ester Feliciano Mendoza
(puertorriqueña)

LA PALMA SIEMPRE ESTÁ BELLA...

Prodigio de cabellera
Lleva en la noche estrellada
Y copia rayos de sol
En los días más dorados.

La palma siempre está bella...

Es bella si pensativa
Se inclina al canto del agua;
Más bella aún cuando altiva
Tiende al azul la mirada.

Es bella cuando a la brisa
Rumorosa de la tarde
Con la emoción de la tierra
Es danza verde en el aire.

La palma siempre está bella...

¡Doncella de mi ribera!
No me canso de mirarla...
Siempre que se vuelve a ella
Es remanso contemplarla...

Oscilando entre las aguas
Como barco que naufraga
Hundiendo su arboladura
Triste y bello, así encontrarla...

La palma siempre está bella...

Entre cielo y tierra anclada
Como una larga plegaria
Buscando a Dios como un alma
Es glorioso contemplarla.

Pero es más bella la palma
Cuando al ocaso encendido
Es madero ennegrecido
Llevando al Crucificado.

DALILA DÍAZ ALFARO DE SOSA
(puertorriqueña)

JARDINCITO

Un pájaro que habla;
un árbol que canta;
la fuente que ríe
con fresca garganta.

Cuatro pececitos,
dos verdes, dos rojos,
y dos mirasoles
que miran... sin ojos.

MARÍA REGA MOLINA
(argentina)

LA MARGARITA

El cielo de diciembre es puro
y la fuente mana divina
y la hierba llamó temblando
a hacer la ronda en la colina.

Las madres miran desde el valle,
y sobre la alta hierba fina
ven una inmensa margarita
que es nuestra ronda en la colina.

Ven una margarita blanca,
que se levanta y se inclina,
que se desata y que se anuda,
y que es la ronda en la colina.

En este día abrió una rosa
y perfumó la clavellina,
nació en el valle un corderillo
e hicimos ronda en la colina...

GABRIELA MISTRAL
(chilena)

LA BEGONIA

Mi matita de begonia
Es coqueta como pocas
Se cubre de hojitas verdes
Su talle color de rosa
Y se carga las orejas
De pantallitas sedosas.

Dalila Díaz Alfaro de Sosa
(puertorriqueña)

AMAPOLAS

Hirióse andando el campo
una niña bondadosa,
y las gotas de su sangre
se volvieron flores rojas.

Si dudas lo que te digo,
mira la pradera ahora,
y dime de dónde vienen
tantas lindas amapolas.

Rafael Rivera Otero
Luis Rechani Agrait
(puertorriqueños)

EL AVE MARINA

Alza una gaviota el vuelo,
Y hacia la estrella remota,
Parece que la gaviota
Fuera hundiéndose en el cielo.

Quién pudiera sobre el mar,
como la gaviota aquella,
Darse al viento, dulce estrella,
Y hacia ti volar, volar...

        LEOPOLDO LUGONES
            (argentino)

CUANDO EL CABALLO SE PARA

Por la tostada llanura
es el camino el que viaja.
Mira cómo sigue solo,
cuando el caballo se para.

Caminito, caminito
¿quién te dio tanta prisa,
camino que no te cansas?

Me voy a morir de anhelo
si me niegas tus audacias,
camino que sigue solo
cuando el caballo se para.

        LUIS BARRIOS CRUZ
          (venezolano)

EL PUENTE

¡Qué hermoso se ve el puente
de piedra sobre el río!
Abajo la corriente
y arriba el caserío.
¡Qué hermoso se ve el puente
de piedra sobre el río!

        AMADO NERVO
          (mexicano)

EL RÍO

Siempre soñando hacia el mar
como una canción de plata,
va cantando en sus cristales
desde la noche hasta el alba:
viene cargado de pájaros,
viene oloroso a montaña:
¡siempre soñando hacia el mar
camino que nunca acaba!

CESÁREO ROSA-NIEVES
(puertorriqueño)

EL POEMA DEL RÍO

Río, trémula vía,
vaya tu eterna armonía
de un palmar a otro palmar,
profunda senda mojada
como una larga mirada
que el llano le tiende al mar.

ANDRÉS ELOY BLANCO
(venezolano)

LETANÍA MATINAL

(Fragmento)

¡Qué linda está la mañana
con su traje de percal!
Sonriendo a la sabana
y acariciando el maizal...
Da su vida a la fontana
y a la canción del turpial,
y en el horizonte grana
pone su luz auroral.

¡Qué linda está la mañana
con su traje de percal!
Por los senderos del cielo
va caminando una estrella,
y me fustiga el anhelo
de ir hasta el cielo por ella...
Mi mano trémula alcanza
una flor del platanal,
y entre las guijas avanza
el glu glu de un manantial...

con su traje de percal!
¡Qué linda está la mañana

   Joaquín Gil de Lamadrid
    (puertorriqueño)

BLANCA LA MAÑANA...

 Blanca la mañana...
blanca como tú.
 La mañana es toda
luz.

Vereditas cándidas
camino del rancho.

 Niño que a la escuela
se aleja silbando.

 Paz maravillosa
que invita a añorar.

 Gorrionzuelo huraño
que al verme pasar.

 Abre las alitas
y se echa a llorar.

  Enrique Peña Barrenechea
    (peruano)

A UN CABALLO DE CALESITA

¡Pobre caballito
de las calesitas!
Tapados los ojos,
entre claras risas,
al son de una música,
qué cansado giras...
Tu dueño implacable
dejarte podría
pegar unos brincos
por esas campiñas.
bajo el sol de fuego
de las romerías.
¡Pobre caballito
que giras y giras!
¿Qué hacen esos otros
de actitud bravía,
de crines revueltas,
de orejas erguidas,
nevados y negros,
bayos y con pintas,
de doradas riendas
y gualdrapas finas?
Lucirse orgullosos
con sus cargas lindas,
de bucles castaños
y rosas mejillas...
En seco detente,
de rabia relincha,
no hagas caso al látigo
que en tu grupa silba,
ni a la frase dura,
ni a la musiquilla
a que por costumbre
lentamente giras...
Dile al empresario
te licencie un día,
y una buena máquina
tome tus fatigas.
¡Dile que los niños
no se enojarían!

BALDOMERO FERNÁNDEZ MORENO
(argentino)

ESCALA DE AGUA

Toc, toc, toc,
ronca la gotera
en el fondo del fuentón
Toc, toc, toc.

Dal, dal, dal, dal, dal, dal, dal,
ríe el agua de la lluvia
patinando en el cristal
dal, dal, dal, dal, dal, dal...

Pin, pin, pin...
estudiante de violín,
rasca el agua sobre el zinc.
Pin... pin... pin...

Glu, glu... glu, glu
sacia el pato y los patitos
su sed chica de agua azul,
glu, glu... glu, glu.

Men, men, men...
lentamente, len-ta-men.
cesa el son,
la lluvia cesa;
y elevada en su pureza
Mamá Tierra dice:
 «¡Amén!»

               MARÍA REGA MOLINA
                  (argentina)

GUSANO

En el rosal fragante,
debajo de una hoja,
esponja Don Gusano
su pelusilla roja.

Azabache el ojito,
la cola novelera,
y la trompita fea
como una calavera.

«S» de los rincones,
hermanito rastrero,
no te comas la rosa
¡que cuida el jardinero!

CLAUDIA LARS
(salvadoreña)

V
FAMILIA

EL ÁNGEL DE LA GUARDA

(Sus alas)

El Ángel de la Guarda
tiene un ala en el cielo
y otra en tu alma,
niñito bueno,
y otra en tu alma.

Suspendidos al viento
Cuerpo y mirada,
niñito bueno,
cuerpo y mirada.

Pregúntaselo al árbol
y a la calandria
y a las flores silvestres,
y a la encantada,
niñito bueno,
y a la encantada.

Y verás si te dicen
lo que te cuento,
que el Ángel de la Guarda
mima tu sueño,
niñito bueno,
mima tu sueño.

El Ángel de la Guarda
niñito bueno,
tiene un ala
en tu alma
y otra en el cielo.

CARMELINA VIZCARRONDO
(puertorriqueña)

EL BEBITO

Mi hermanito pequeñín
ayer cumplió cuatro meses
y yo me puse a decirle:
«ya eres viejo, aunque te pese».

Al oírmelo exclamar,
reía como un viejito,
desdentado todavía,
pero tan y tan bonito.

Sus ojos son del color
de las hojas cuando nacen,
verde como retoñitos
que a la primavera se abren.

Su pelito es de pichón.
de pichón de golondrina
y sus uñitas parecen
papelitos, de tan finas.

Su carne es igual, igual
que la de un bebé de goma,
parece un melocotón
¡pero que no me lo coman!

Le digo: «¿quieres jugar?»
y me da una sonrisita
como si me contestara:
«Dentro de poco, hermanita».

Emma Pérez
(cubana)

MIS ZAPATITOS

Mis zapatitos
mucho los quiero
que brillantitos
siempre los veo.

Doy dos pasitos
me vuelvo a ver
dos, otros dos,
¡oh, qué placer!

LUPE ÁLVAREZ V.
(costarricense)

CANCIÓN MIMOSA DE LA MADRE

Mi niña chiquitica
no tiene dientes.
Se los llevó la luna
para su nene.

El nene de la luna
es un lucero.
Los dientes de mi niña
¡qué alto subieron!

—Luna, tírame uno,
tírame dos...
Sus dientitos la luna
¡le devolvió...!

EMMA PÉREZ
(cubana)

MI MADRE

Mi madre es la luna
dormida en el cielo,
entre blancas nubes
y ángeles de sueño.

Mi madre es el agua
de azules reflejos
que pasa cantando
bajo el limonero.

Mi madre es la rosa
en manos del viento,
aroma de siglos,
sílaba de cuento.

Mi madre es el alba
sobre el jazminero.
Me nace en la frente
la flor de su beso.

> TRIGUENOS DE LEÓN
> (salvadoreño)

LA TIJERA DE MAMÁ

Cuando me recorta el pelo
la tijera de mamá,
va diciendo en su revuelo:
chiqui-chiqui-chiqui-cha.

Aletea,
viene y va,
y a mi oído cuchichea
chiqui-chiqui-chiqui-cha.

Cuando el pelo me recorta
la tijera de mamá,
charla más de lo que corta:
chiqui-chiqui-chiqui-cha.

> GERMÁN BERDIALES
> (argentino)

CANCIONCITA DEL PERRO SONIE

Sonie desnudo, tierno, mío;
florido de inocencia:

Sonie negro; retazo, miniatura
de la noche... (Pero de alguna
noche lunada, almibarada
de azúcares celestes...)

Sonie, tienes guardada
mi risa entre tus patas, entre tu
pelo... Y alguna vez me das mi risa.

Me la das y me río
con esa risa mía que tú tienes,
Sonie dulcísimo,
Sonie para ir pasando
la vida...

Y para que la vida sea
o al menos se parezca a un juego tuyo...
Y para que yo juegue contigo y con la vida...

Dulce María Loymaz
(cubana)

ABUELITA

¡Quién subiera tan alto
como la luna
para ver las estrellas
una por una,
y elegir entre todas
la más bonita
para alumbrar el cuarto
de mi abuelita!

Tomás Allende Iragorri
(argentino)

CASITA

Casita,
casita blanca,
con una puerta
y una ventana;
piso de azúcar,
y una escalera
de porcelana.

Cri... cri..., los grillos,
croá... croá..., las ranas,
baila en el patio
la luna enana.

Una estrellita
que está colgada,
le guiña un ojo
con mucha gracia;

pero el sol llega
muy de mañana
y entra en secreto
por la ventana.

Zin... zin..., la abeja;
cuá... cuá..., la pata;
entre dos manos
la escoba baila,

y la casita,
toda soleada
es un dibujo
de cuento de hadas.

María Rega Molina
(argentina)

VENTANITA FLORIDA

Ventanita florida
    la de mi casa;
le regala perfumes
    a aquél que pasa.

Le regala perfumes
    luz y alegría;
dicen que no hay ventana
    como la mía.

Y yo cuido sus flores
    con todo amor,
porque una niña es siempre
    como una flor.

                IDA RÉBOLI
                (argentina)

LA AGUJA

La máquina de coser
canta su canción de prisa,
mientras la buena mujer
va cosiendo una camisa.
Sobre la espalda encorvada
la lámpara da el reflejo,
y parece cobijada
con un manto de oro viejo...
Y la tela que viene y la tela que va
y que nunca se rompe ni aja.
Y la rueda traca traca tra
y la aguja que sube y que baja...
De las paredes blanqueadas
penden cromos y retratos,
y esas frágiles monadas
de los bazares baratos.
Una niña pensativa
sobre un libro aprende a leer,

mientras canta fugitiva
la máquina de coser.
Y la hora que suena y se va...
Y el pan y la dicha que nunca van juntos.
Y la rueda traca traca tra
y la aguja que deja su línea de puntos.
La tela a ratos se espesa
en una encrespada ola,
o cuelga desde la mesa
como si fuera una cola.
Mientras la mujer, prolija,
sigue su trabajo diario,
y le acompaña su hija
que aprende el abecedario.

Ernesto Mario Barreda
(argentino)

MI MADRE

Cuando mi madre me peina
con sus manos de dulzura,
lo que corre por mis venas
es un río de ventura.

Ella me peina despacio,
aunque siempre tiene prisa,
trabajadora incansable
como su tierna sonrisa.

No sé cómo puede tanto,
no sé cómo encuentra modo
de hacer la casa brillar
y de cuidarnos a todos.

Día y noche hace su oficio,
sol y luna, madre hermosa;
tiene el sueño tan ligero
como el de una mariposa.

Ya se están volviendo grises
como nubes sus cabellos;
ya se marchita la luz
cuando descansa en su cuello.

Pero ¿qué joven será
más que ella dueña del mundo?
El tiempo debe mirarla
con un respeto profundo.

Jamás derrocha un instante,
lo mismo borda una rosa
que riega en nuestro balcón
sus plantas, la cuidadosa.

Cuando le toca peinarme
con sus manos tan queridas,
es un río de ternura
lo que corre por mi vida.

Emma Pérez
(cubana)

REPASO

Al solito mañanero
cose mi madre la ropa
olorosa de romero.
Sobre la nieve del lienzo
su mano revolotea
como un pajarillo tierno.
Por la entreabierta ventana
el pregón del jardinero,
sus plantas, al pasar dejan
sobre el cristal el reflejo
y orillas de arroyo pintan
junto a los montes de invierno,
que sus dedos picotean
(aguja pico de acero).

Mientras cose, va mi madre,
rotas memorias zurciendo.

    María Luisa Muñoz de Buendía
              (española)

LOS ZAPATONES DE MI PAPÁ

Tengo en mi casa
para jugar,
dos zapatones
de mi papá.
De la cocina
hasta el zaguán
cantan los pobres,
ta-ta-ta-ta
Da risa verlos,
lástima da
sucios y feos,
viejos están.
Rayan los pisos
y mi mamá
no los aguanta;
Ta-ta-ta-ta.
Pero la dicha
que ellos me dan
es que me siento
como papá:
dos zapatones
y un overol
y todo el mundo:
«¡señor, señor!»
Dicha tan grande
no la soñé
y los zapatos
son mi placer.
Yo no quisiera
como mamá
que me los manden
un día a quemar,

sino guardarlos
en mi cajón
y así sentirme
como papá,
todo un gran hombre;
Ta-ta-ta-ta.

    GONZALO DOBLES
    (costarricense)

CANCIÓN TONTA

—Mamá,
yo quiero ser de plata
—Hijo,
tendrás mucho frío.
—Mamá,
yo quiero ser de agua.
—Hijo,
tendrás mucho frío.
—Mamá,
bórdame en tu almohada.
—¡Eso sí!
¡Ahora mismo!

    FEDERICO GARCÍA LORCA
    (español)

EL CAPITÁN

Madre, ya tengo mi barco
y tengo tripulación:
velero de cuatro palos,
marineros de cartón.

Mañana por la mañana,
cuando se levante el sol,
me iré, mandando en mi barco
mi brava tripulación.

Iré mañana hacia el mar
y tú me dirás adiós.

Prepara, madre, mi gorra.
¡Mi gorra de capitán!
Que la blusa marinera
la abandoné junto al mar.

—¡Ay, mi niño, no te vayas,
tan pequeñito, hasta el mar!
Mira que es triste la noche
sobre tanta soledad.

¿Y quién velará tu sueño?
—Las estrellas velarán.
—¿Y quién cantará en tu lecho?
—Las sirenas cantarán.

—¡Ay, mi niño, no te vayas,
tan pequeñito, hasta el mar!

—¡Madre, si tengo mi barco
y tengo tripulación!
Velero de cuatro palos,
marineros de cartón.

Prepara, pronto, mi gorra.
¡Mi gorra de capitán!
Que la blusa marinera
la abandoné junto al mar.

Ricardo E. Pose
(argentino)

PREGUNTAS

—Madre, ¿de qué son las olas?
—Son de jade movedizo...
—¿Y los horizontes, madre?
—¿Los horizontes?... ¡de vidrio!
—Madre, yo quiero quebrarlos
para herirme con su filo...

—Madre, ¿de qué son las velas?
—Son de sueño...
          —¿Y los navíos?
—¿Los navíos?... ¡de aventura
y de esperanza, y de hechizo!...
—¿Verdad, madre, que me harás
una gorra de marino?

—Madre, ¿adónde van los viajes?
—¿Los viajes?... Van al olvido...
—Y los barcos que no viajan
¿por qué se quedan?
          —¡Por niños!...
—Madre, cuando sea grande,
¡Yo también me iré al olvido!

Hugo Lindo
(salvadoreño)

MIS PADRES

Tengo dos amigos;
son mamá y papá.
Pero ellos (secreto)
no saben jugar.
Por eso yo a veces
les doy un besito
y corro a buscar
otros amiguitos.
Aunque, si jugando,
los veo de lejos,
vuelvo adónde están
a darles más besos.
Tengo dos amigos;
son mamá y papá
y otros más chiquitos
para irme a jugar.

Emma Pérez
(cubana)

> Palomita que vas volando
> y en el pico llevas hilo,
> dámelo para coserme
> este corazón herido.

He aquí el primer canto que aprendí en la vida; el que aprendí naturalmente, como la rosa en el rosal, en los labios de mi madre.

He aquí también los últimos cantos; los que aprendí después, yo no sé dónde.

A ella los vuelvo todos, signados por su bautismal sonrisa, pastoreados por su paloma inicial e iniciadora.

A ella los vuelvo, y le digo que desde entonces esa paloma sigue volando por mi cielo, y que no hubo desgarrón, en todo este tirar de vida al viento, que no haya sido capaz de zurcir el leve, luminoso —nunca cansado de desovillarse— hilo de su ternura.

Dulce María Loynaz
(cubana)

VI

RONDAS

ARROZ CON LECHE

(Coro)

Arroz con leche,
se quere casar
con una viudita
de la capital;
que sepa coser,
que sepa bordar,
que ponga la aguja
en su campanal.

(Viudita)

Yo soy la viudita,
la hija del rey,
me quiero casar
y no encuentro con quién;

(Coro)

¿Y siendo tan linda
no encuentras con quién?
Escoge a tu gusto
que aquí tienes cien.

(Viudita)

Contigo sí (señalando)
Contigo, no,
Contigo, mi vida;
me casaré yo. (Se abrazan.)

LA COJITA

(Coro)

—¿Dónde va mi cojita?
minuflí, minuflá.

(Cojita)

—Voy al campo por violetas,
minuflí, minuflá.

(Coro)

—¿Y si la reina te viere?
minuflí, minuflá.

(Cojita)

—Yo le haré una reverencia,
minuflí, minuflá.

(Coro)

—¿Y si el rey te encontrare?
minuflí, minuflá.

(Cojita)

—Yo le besaré la mano,
minuflí, minuflá.

(Coro)

—¿Y si el obispo te viere?
minuflí, minuflá.

(Cojita)

—Yo le besaré el anillo,
minuflí, minuflá.

LA MUÑECA VESTIDA DE AZUL

Tengo una muñeca vestida de azul
con zapatos blancos y velo de tul
las medias caladas de estilo andaluz
y el traje escotado con su canesú.

La llevé a la iglesia y se me durmió
la traje a la casa y se despertó

dos y dos son cuatro
cuatro y dos son seis
seis y dos son ocho
y ocho diez y seis

ocho veinticuatro
y ocho treintidós
ánima bendita
me arrodillo yo.

MAMBRÚ

Mambrú se fue a la guerra
qué dolor, qué dolor, qué pena;
Mambrú se fue a la guerra,
no sé cuando vendrá,
que do, re, mi, que do, re, fa,
no sé cuando vendrá.

Por ahí viene un paje,
qué dolor, qué dolor, qué pena
por ahí viene un paje
qué noticias traerá,
que do, re, mi, que do, re fa,
qué noticias traerá.

Las noticias que traiga,
qué dolor, qué dolor, qué pena
las noticias que traiga,
Mambrú se ha muerto ya,
que do, re, mi, que do, re fa,
Mambrú se ha muerto ya.

La caja de terciopelo,
qué dolor, qué dolor, qué pena
la caja de terciopelo
la tapa de cristal,
que do, re, mi, que do, re fa,
la tapa de cristal.

Encima de la tapa,
qué dolor, qué dolor, qué pena
encima de la tapa
un ramillete va,
que do, re, mi, que do, re fa,
un ramillete va.

Encima del ramillete,
qué dolor, qué dolor, qué pena
encima del ramillete,
un pajarito va,
que do, re, mi, que do, re fa,
un pajarito va.

Cantando el pío, pío,
qué dolor, qué dolor, qué pena
cantando el pío, pío,
el pío, pío, pa.

QUE LLUEVA, QUE LLUEVA

Que llueva, que llueva,
la Virgen de la Cueva.
¡Que sí!
¡Que no!
¡Que llueva a chaparrón!

Los niños en la pradera,
en ronda, ronda rondera,
salta que salta, danzando,
danza que danza, saltando,
canta que canta, girando,
gira que gira, cantando,
la rueda, rueda formando,
entonan este cantar:

Que llueva, que llueva,
la Virgen de la Cueva.
Los pajaritos cantan,
las nubes se levantan.

¡Que sí!
¡Que no!
¡Que llueva a chaparrón!

CARLOS MARÍA DE VALLEJO
(uruguayo)

SEÑORA SANTANA

Señora Santana,
¿por qué llora el niño?
Por una manzana
que se le ha perdido.

Yo le daré una,
yo le daré dos,
una para el niño
y otra para vos.

Yo no quiero una,
yo no quiero dos,
yo quiero la mía
que se me perdió.

CARLOS MARÍA DE VALLEJO
(uruguayo)

ARRE, CABALLITO

Arre, caballito,
vamos a Belén,
que mañana es fiesta
y el otro también.

Arre, caballito
arre, arre, arre,
pues si tú no corres
llegaremos tarde.

Galopa, galopa,
dale que te dale,
como un potro loco
con tu crin al aire.

Afirma tus cascos
arre, arre, arre,
que la rienda holgada
las distancias salve.

Vuela, vuela, vuela,
caballito, arre;
corre, corre, corre,
que ya se hace tarde.

Sin freno ni espuelas,
dale que te dale,
como un potro loco
de muy pura sangre.

No tienes montura
sobre tu pelambre;
no te hagas el renco,
arre, que te arre.

Arre, caballito,
vamos a Belén,
si llegamos, bueno,
y si no, también.

CARLOS MARÍA DE VALLEJO
(uruguayo)

LA PÁJARA PINTA

Estaba la pájara pinta
a la sombra de un verde limón;
con el pico recoge la hoja,
con la hoja recoge la flor,
    ¡Ay, mi amor!

Me arrodillo a los pies de mi dama,
Me arrodillo porque me da gana;
me arrodillo a los pies de mi amante,
me arrodillo por fiel y constante;
dame una mano, dame la otra,
dame un besito, salada, en la boca.
Dé usted la media vuelta,
dé usted la vuelta entera,
dé usted un pasito atrás
con toda su reverencia.
Pero no, pero no, pero no,
pero no, que me da vergüenza;
pero sí, pero sí, pero sí,
resalada, te quiero yo a ti.

NARANJAS DULCES

Naranjas dulces,
limón partido,
dame un abrazo
que yo te pido.

Si fuera falso
tu juramento,
en el momento
te olvidaré.

Toca la marcha,
mi pecho llora.
—Adiós, señora,
que ya me voy.

Si acaso muero
en la batalla,
tened cuidado
de no llorar.

Porque su llanto
puede ser tanto
que hasta pudiera
resucitar.

HILITO, HILITO DE ORO

Hilito, hilito de oro
yo jugando al ajedrez
me encontré a una gran señora,
«Qué lindos hijos tenéis».

Téngalos o no los tenga
yo los sabré mantener
y del pan que yo comiere
comerán ellos también.

CANCIÓN DE PERICO

Perico, Perico
no quiere ser rico,
no quiere ser sabio
ni quiere ser rey.
¿Qué quiere este chico
Perico, Perico?
Jugar en el bosque,
reír y correr.
Con lengua de trapo
gritar como el sapo,
meterse en el agua
y en ella nadar.

No quiere Perico
ser sabio, ni rico,
ni rey, pero quiere
reír y cantar.
Perico, Perico
se llama este chico:
no quiere ser rico,
Perico, Perico.

  Fryda Schultz de Mantovani
     (argentina)

RONDA DEL LEÓN

A la rueda rueda,
rueda como puedas,
con o sin las ruedas,
que si no, te quedas.

Al rondón rondón,
se escapó un león
con dientes de seda
y uñas de cartón.

Al rondín rondín,
en un gran festín,
perdió la melena
y usa peluquín.

A la ronda ronda,
que nadie se esconda...
griten grr al león
para que responda.

  Marcos Leibovich
   (argentino)

UN GATO CAYÓ EN UN POZO

Un gato se cayó a un pozo
las tripas se hicieron gu
arré poti, poti, poti
arré poti, poti, pa.

A LA RUEDA, RUEDA

A la rueda rueda
de pan y canela
dame un besito
y vete para la escuela
si no quieres ir
acuéstate a dormir
en la hierbabuena
o en el toronjil.

AL ANIMO, AL ANIMO

Al ánimo, al ánimo
la fuente se rompió
al ánimo, al ánimo
mandarla a componer
al ánimo, al ánimo
nosotros no tenemos
al ánimo, al ánimo
nosotros le daremos
al ánimo, al ánimo
con que se hace el dinero
al ánimo, al ánimo
con cáscaras de huevo
hurí, hurí, hurá
la reina va a pasar
la de alante corre mucho
la de atrás se quedará.

URSULA

Ursula, ¿qué estás haciendo
tanto rato en la cocina?
Mamita, le estoy quitando
las plumas a la gallina.

Qué bien te gustan los tamalitos,
el pan caliente y el buen vinito
como el que toman los angelitos
por la mañana bien tempranito.

EL PATIO DE MI CASA

El patio de mi casa
es particular
que llueve y se moja
igual que los demás
agáchate niña
y vuélvete a agachar
que si no te agachas
no sabes bailar.

RONDA CUBANA

Caminando de Este a Oeste
con su arrastre de metales,
hacen la ronda de espadas
doce mil palmeras reales.

Se desparraman en grupos
como estrellas o animales;
y de nuevo se rehace
la ronda de palmas reales...

Entre cafés y algodones,
y entre los cañaverales,
avanza abriéndose paso
la ronda de palmas reales...

Saltan con una pernada
maniguas y platanales
y de noche van sonámbulas
andando, las palmas reales...

Cuando, de loca frenética,
suelta las cofias y chales,
se da a bailar con nosotros
la ronda de palmas reales...

Pero ahora, de ligeras,
no llevan cuerpos mortales,
y se pierde rumbo al cielo,
la ronda de palmas reales.

    GABRIELA MISTRAL
      (chilena)

VII

POEMAS EN MINIATURA

Tanto cantan las ranas
que es el lago
una campana.

>   ANA ROSA NUÑEZ
>   (cubana)

Canta, canta, canta
junto a su tomate
el grillo en la jaula.

>   ANTONIO MACHADO
>   (español)

EL CANDADO

Yo soy
pequeño,
pero vivo
alerta,
porque
tengo
la casa
a mi
cuidado.

Yo soy
como el
zarcillo
de la
puerta.
¡Y me
llamo
candado!

  Morita Carrillo
   (venezolana)

DOMINGOS

Juan a Domingo reñía
porque nunca trabajaba;
y mientras Juan se enfadaba
el buen Domingo decía:
—Yo no debo trabajar;
estoy, Juan, en mi derecho,
pues los Domingos se han hecho
sólo para descansar.

    Vital Aza
     (español)

 El niñito se queja...
¡Albor del llanto,
que abraza al mundo!

  Antonio Machado
   (español)

 La primavera ha venido...
¡Aleluyas blancas
de los zarzales floridos!

   Antonio Machado
    (español)

Encumbrado sobre una rama
el triunfo del pavo-real,
es una llama
del paraíso terrenal.

   RAMÓN DEL VALLE INCLÁN
     (español)

Qué inquieta andaría
la vida
sin las hormigas.

   ANA ROSA NUÑEZ
    (cubana)

La cotorra verdigualda,
retaleando su papel,
luce una falda
que fue de la Infanta Isabel...

   RAMÓN DEL VALLE INCLÁN
     (español)

No hay olvido:
La primavera nos traerá un alba
de tulipanes amarillos.

   ANTONIO DE UNDURRAGA
     (chileno)

LA LUNA

Es mar la noche negra,
la nube es una concha,
la luna es una perla...

   JOSÉ JUAN TABLADA
    (mexicano)

Tu misión más plena:
Ser nube ávida
o brizna de hierba.

Antonio de Undurraga
(chileno)

GUITARRA

Habrá un silencio verde
todo hecho de guitarras destrenzadas.
La guitarra es un pozo
con viento en vez de agua.

Gerardo Diego
(español)

Como devota en misa
reza la ardilla.

Ana Rosa Núñez
(cubana)

LOS SAPOS

Trozos de barro,
por la senda en penumbra
saltan los sapos.

José Juan Tablada
(mexicano)

La oruga es el ferrocarril
más pequeño del mundo.

    Ramón Gómez de la Serna
             (español)

EL PAVO REAL

Pavo real, largo fulgor,
por el gallinero demócrata
pasas como una procesión...

    José Juan Tablada
       (mexciano)

Nada nos falta.
Las hormigas ya viven
dentro de la casa.

    Antonio de Undurraga
        (chileno)

EL MONO

El pequeño mono me mira...
¡Quisiera decirme
algo que se le olvida!

    José Juan Tablada
       (mexicano)

Desde la reja
la lluvia es una jaula
serena.

        ANA ROSA NUÑEZ
            (cubana)

LA ARAÑA

Recorriendo su tela
esta luna clarísima
tiene a la araña en vela.

        JOSÉ JUAN TABLADA
           (mexicano)

Alguna estrella
está llena de sueño
y se la ve cerrar los ojos.

RAMÓN GÓMEZ DE LA SERNA
               (español)

    Gota de cocodrilo
    meditando...
    con su verde levita
    de catedrático...

FEDERICO GARCÍA LORCA
          (español)

GUACAMAYO

El trópico le remienda
con candelas y oros su manto
hecho de todas las banderas.

    JORGE CARRERAS ANDRADE
             (ecuatoriano)

LA CHICHARRA

La chicharra
es una hoja seca
que canta...

Luis Barrios Cruz
(venezolano)

LAS MARIPOSAS

Bailarinas de la brisa
las alegres mariposas
tocan, tocan por el aire
sus castañuelas sedosas.

Isabel Freire
(puertorriqueña)

LA TORTUGA

Aunque jamás se muda,
a tumbos, como carro de mudanzas,
va por la senda la tortuga.

José Juan Tablada
(mexicano)

GRILLOS

Clavan su bandera azul los grillos
en el tope de la tarde
con martillitos de vidrio.

Jorge Carrera Andrade
(ecuatoriano)

BARQUITO

Toma niño, tu barquito;
anda a jugar
a la mar:
tú serás marinerito,
tú lo sabrás manejar...

JAIME BARRIOS ARCHILA
(guatemalteco)

ENSENADA

Cielo azul
sin una nube.
Mar azul
sin una vela.

Sólo
la espuma
sobre la arena.

GREGORIO CASTAÑEDA ARAGÓN
(colombiano)

En invierno la cigarra
anda descalza,
pero la voz de la hormiga la alcanza

ANA ROSA NUÑEZ
(cubana)

EL BURRITO

Mientras lo cargan
sueña el burrito amosquilado
en paraísos de esmeralda...

JOSÉ JUAN TABLADA
(mexicano)

Ilusión y olvido constante:
pasa el colibrí como un paje
en su arco iris volante.

   Antonio de Undurraga
     (chileno)

CREPÚSCULO

Verde, gris, azul, violeta,
el cielo es una pizarra
para que Dios pinte estrellas.

Baldomero Fernández Moreno
    (argentino)

Partieron los pájaros marinos
y nos dejaron en la playa cartas
cifradas por sus alas.

   Antonio de Undurraga
     (chileno)

LECCIÓN

Yo quisiera aprender una cosa:
cómo hacer con las manos
un pétalo de rosa.

José Antonio Dávila
(puertorriqueño)

La lluvia al caer danza
y la mariposa muere rodeada
de regias cortinas.

Antonio de Undurraga
(chileno)

VIOLETA

Tímida monjita
de nuestra flora
que en su convento
de hojitas mora.

Isabel Freire
(puertorriqueña)

El camello lleva a cuestas
el horizonte y su montañita.

Ramón Gómez de la Serna
(español)

SANDÍA

¡Del verano, roja y fría
carcajada
rebanada
de sandía!

JOSÉ JUAN TABLADA
(mexicano)

MIRASOLES

La mitad asombro, la mitad corola,
cada tallo yergue su onza española.

BALDOMERO FERNÁNDEZ MORENO
(argentino)

CARACOL

Caracol:
Mínima cinta métrica
con que mide el campo Dios.

JORGE CARRERA ANDRADE
(ecuatoriano)

MI CORZA

Mi corza, buen amigo,
mi corza blanca.

Los lobos la mataron
al pie del agua.

Los lobos, buen amigo,
que huyeron por el río.

Los lobos la mataron
dentro del agua.

>   RAFAEL ALBERTI
>   (español)

La estatua
en cuya cabeza se fija una paloma,
debía sonreírse.

>   RAMÓN GÓMEZ DE LA SERNA
>   (español)

Hilando de loto en flor
la mariposa
hilandera de Dios...

>   ANA ROSA NUÑEZ
>   (cubana)

GOLONDRINAS

Las golondrinas recogen
la cola del aguacero
con alfileres de trinos
y redondeles de vuelo.

>   CARMEN ALICIA CADILLA
>   (puertorriqueña)

LA COTORRITA

Dicen que de hojitas verdes
La creó el buen Papá Dios
Y por inquieta y traviesa
Con pintura se embarró
Y al ver aquellas manchitas
De tan brillante color,
Salió hablando, siguió hablando...
¡Y más nunca se calló!

DALILA DÍAZ ALFARO DE SOSA
(puertorriqueña)

MI CARRITO COLORADO

Mi carrito colorado
Se parece al de papito
Tiene ruedas que dan vueltas
y lo llevan rapidito.

CONCHITA CALDERÓN
(puertorriqueña)

EL SACAPUNTAS

Un túnel misterioso
en el que se barrunta
un enano hacendoso:
el que saca la punta.

BALDOMERO FERNÁNDEZ MORENO
(argentino)

Torero de luz
el gallo pica noches
en sombra azul.

ANA ROSA NUÑEZ
(cubana)

La guitarra es una herida
por donde vierte la copla
su sangre que es negra y viva.

JORGE LUIS BORGES
(argentino)

OSTIÓN

Ostión de dos tapas:
tu cofre de calcio
guarda el manuscrito
de algún buque náufrago.

JORGE CARRERA ANDRADE
(ecuatoriano)

Anda de estrella en estrella
un pájaro por el cielo.
Mi querer, de pena en pena.

JORGE LUIS BORGES
(argentino)

GRILLOS

Clavan su bandera azul los grillos
en el topo de la tarde
con martillitos de vidrio.

JORGE CARRERA ANDRADE
(ecuatoriano)

EL COLIBRÍ

Joyita viva
de mil primores.
En sus alas se mecen
¡tantos fulgores!

   Carlos García Prada
    (español)

LA ABEJA

Mínima lanzadera,
de flor en flor su rubio carretel
ovilla en hilo de cera
y en hilo de miel.

   Flavio Herrera
   (guatemalteco)

La niña no está muerta... Sólo está dormida —dijo Jesús al acercarse a la hija de Jairo.
Tenía todavía como el pudor de hacer milagros... Sl pudor de ser Dios.

   Dulce María Loynaz
    (cubana)

Nube, viaje del agua por el cielo...
nube, cuna del agua niña,
meciéndose en el aire traspasado
de pájaros...
Nube: Infancia celeste de la lluvia...

   Dulce María Loynaz
    (cubana)

VIII

UNIVERSO

El reloj lo hizo el relojero,
y el mundo lo hizo Dios.
No hay reloj sin relojero,
ni mundo sin Creador.
El que no lo ve está ciego,
que el mundo lo hizo Dios,
tic, tac, tic, tac, tic, tac.

José Luis de Urrutia, S. J.
(español)

PROMESA A LAS ESTRELLAS

Ojitos de las estrellas,
abiertos en un oscuro
terciopelo: desde lo alto,
 ¿me veis puro?

Ojitos de las estrellas,
prendidos en el sereno
cielo, decid: desde arriba,
 ¿me halláis bueno?

Ojitos de las estrellas,
de pestañita dorada,
os diré: ¡tenéis muy suave
 la mirada!

Ojitos de las estrellas,
de pestañitas inquietas,
¿Por qué sois azules, rojos
 y violetas?

Ojitos de la pupila
curiosa y trasnochadora,
¿Por qué os borra con sus rosas
   la aurora?

Ojitos, salpicaduras
de lágrimas o rocío,
cuando tembláis allá arriba,
   ¿es de frío?

Ojitos de las estrellas,
postrado en la tierra, os juro
que me habéis de mirar siempre,
   siempre puro.

                Gabriela Mistral
                (chilena)

¡POBRE NUBECITA!

Mañanita fresca,
mañanita azul,
a una nubecita
se le perdió el tul.

Lo perdió jugando
con el ventarrón,
y se lo ha encontrado
ese nubarrón.

¡Que cara de malo
tiene ese señor!
A la nubecita
le inspira un terror...

Tiene mucho miedo
No irá a reclamar.
¡Ay! qué ganas locas
de echarse a llorar.

¡Ay! su traje blanco
de tul de ilusión,
¿dónde irá a guardarlo
ese nubarrón?

¿Dónde irá a colgarlo?
¿A quién lo pondrá?
Porque, a él de seguro,
no le servirá..

Acaso no sabe
ese nubarrón
que debe entregarse
lo que uno encontró?

¡Pobre nubecita
que perdió su tul,
en una mañana
fresquita y azul!

IDA RÉBOLI
(argentina)

SE VAN LAS ESTRELLAS

Se van las estrellas
por los caminitos
más cerca del alba.
Lo dice el pitirre
con voces de plata.
lo sueña gorjeando
también la calandria.

¡Qué pena de estrellas
sienten al marcharse!

Pasaron la noche
con blancos ropajes
jugando entre flores
por lomas y valles.

Riendo cantaban
«Verbena, verbena
Jardín de Cartagena...»

Pero ya se marchan,
¡Qué pena tan pena
con blancos ropajes
sienten al marcharse!

FRANCISCO MANRIQUE CABRERA
(puertorriqueño)

TROPILLA DE ESTRELLAS

A los potreros del cielo
—que nunca nadie alambró—
va llegando la tropilla
de estrellas de Tata-Dios.

Venus es la que puntea
entrando en el campo azul;
hace de yegua madrina;
tiene un cencerro de luz.

Después: cuatro... siete... nueve...
diez... quince... veintiuna... treinta...
se va poblando el potrero,
ahora sí que son «sin cuenta».

Un Ángel las pastorea
pero muy a su pesar,
alguna, de cuando en cuando,
se le escapa y cae al mar.

Tropilla de un solo pelo
brillante como no hay dos,
como que está iluminada
por la mirada de Dios.

FERNÁN SILVA VALDÉS
(uruguayo)

ORTO LUNAR

Camino de los vaqueros
Claridad azul y nácar,
y silencio.

¿Viene una vaquilla blanca?

Es que sale de los cerros
la luna cuernos
de plata.

FRANCISCO GONZÁLEZ GUERRERO
(mexicano)

La luna cayó en el mar
como una fruta de plata:
rueda por las aguas verdes
como dorada naranja:
la luna se subió al cielo,
las estrellas la esperaban:
ya la noche está muy vieja
en su sueño que no acaba,
¡y los ángeles prendieron
faroles de madrugada...!

CESÁREO ROSA-NIEVES
(puertorriqueño)

IX

PEQUEÑAS FABULAS

MI MAESTRA

Mi maestra es alegre.
Cuando viene, temprano,
los árboles saludan
su paso menudito.
Le dicen con sus ramas:
«Buenos días, muchacha»,
y ella les habla en dulces
silencios sonreídos.

Allá viene. Su traje
vaga en azules claros
y parece una nube
ligera y pequeñita
que se hubiera pasado
a la tierra asombrada.
«Buenos días, muchacha»
dicen las golondrinas.

Nosotros, los que siempre
llegamos los primeros,
corremos a encontrarla
en la mañana limpia.
Ella nos ve de lejos
y levanta la mano
como una flor. La mueve
como una clara espiga.

Le quisiera gritar:
«Buenos días, muchacha»,
pero todos decimos:
«¿Cómo está, señorita?»

y ella nos va tocando
los hombros con ternura,
mientras murmura: «Gracias
por esta bienvenida.»

Y formamos un grupo
apretado que avanza
dulcemente hasta entrar
al portal de la escuela.
Orgullosa en su aire,
«Buenos días, muchachos»,
parece que nos dice
a todos la bandera.

EMMA PÉREZ
(cubana)

LOS DOS PRÍNCIPES

I

El palacio está de luto,
y en el trono llora el rey,
y la reina está llorando
donde no la puedan ver:
en pañuelos de holán fino
lloran la reina y el rey.
Los señores del palacio
están llorando también
Los caballos llevan negros
el penacho y el arnés;
los caballos no han comido,
porque no quieren comer.
El laurel del patio grande
quedó sin hoja esta vez:
todo el mundo fue al entierro
con coronas de laurel.
¡El hijo del rey se ha muerto!
¡Se le ha muerto el hijo al rey!

II

En los álamos del monte
tiene su casa el pastor;
la pastora está diciendo:
«¿Por qué tiene luz el sol?»
Las ovejas, cabizbajas,
vienen todas al portón.
Una caja larga y honda
está forrando el pastor.
Entra y sale un perro triste,
canta allá dentro una voz;
«Pajarillo, yo estoy loca;
llévame donde él voló.»
El pastor coge llorando
la pala y el azadón,
abre en la tierra una fosa
echa en la fosa una flor.
¡Se quedó el pastor sin hijo!
¡Murió el hijo del pastor!

JOSÉ MARTÍ
(cubano)

CANCIÓN DEL MOLINERO

Nin non, non nin.
Un niño blanco — un niño negro
Un granito de sal — un granito de pimienta.

Nin non,
non nin.
Hacia casa hacen camino.
Duerme, niño, duerme.
Desde la puerta del molino
el molinero los ve venir.
Duerme, niño, duerme.
Dice el niño blanco: ¡Qué bonita es la luna!
Dice el niño negro: ¡Qué fea es la luna!
Si queréis seguir adelante —les dice el molinero—
por qué regañáis me tenéis que decir.

—Yo soy blanco,
    nin non.
—Yo soy negro,
    non nin.
Un granito de sal,
Un granito de pimienta.

Me los coge el molinero.
Quiere hacerlos harina.
El niño blanco se queja
y el negro también.
    Duerme, niño, duerme.

Rueda la muela del molino
y me los hace polvo fino.
Rueda la muela del molino.
La luna quiere ser madrina.
    Nin non,
    non nin.

Cuando el molinero
panchudo y parlanchín
va a cerrar el molino,
el viento juguetón
los eleva por el aire.
    Duerme, niño, duerme.

Murmuran los dos niños —dentro del viento bailando
nuestra será la luna— si seguimos subiendo.

Nin non, non nin.
Un niño blanco — un niño negro
Un granito de sal — un granito de pimienta.
    Duerme, niño, duerme.

(Tomada del poeta catalán Agustí Bartra)
(Traducción de Francisco Gordo-Guarinos)
(español)

VERSOS DE MAR

Oye, María Antonia,
la música más
linda de las músicas...
¿No te gusta el mar?

Hay un pececito
que quiere saltar
de su cárcel de agua...
¿No te gusta el mar?

Hay una ola blanca
que sabe cantar
un canto de espumas...
¿No te gusta el mar?...

Y hay perlas que tienen
por su claridad
pedazos del día...
¿No te gusta el mar?...

Y hay coral que sirve
—no olvides: ¡coral!—
para las peinetas...
¿No te gusta el mar?...

Y hay teclas más blancas
que granos de sal,
de un gran piano de agua...
¿No te gusta el mar?...

Abre tus ojitos
y ven a pasear
Te doy un barquito
¿No te gusta el mar?...

Pasarán los años
y tu viajarás;
¡ay, pero no olvides
que te gusta el mar...!

El mar es un cielo,
pero musical;
¡y Dios el pianista
del piano del mar...!

    Andrés de Piedra-Bueno
                  (cubano)

DE TELA BLANCA Y ROSADA...

De tela blanca y rosada
Tiene Rosa un delantal,
Y a la margen de la puerta,
Casi, casi en el umbral,
Un rosal de rosas blancas
Y de rojas un rosal.

Una hermana tiene Rosa
Que tres años besó abril;
Y le piden rojas flores,
Y la niña va al pensil,
Y al rosal de rosas blancas
Blancas rosas va a pedir.

Y esta hermana caprichosa
Que a las rosas nunca va,
Cuando Rosa juega y vuelve
En el juego el delantal,
Si ve blanco abraza a Rosa,
Si ve rojo da en llorar.

Y si pasa caprichosa
Por delante del rosal,
Flores blancas pone a Rosa
En el blanco delantal.

                  José Martí
                  (cubano)

CAPERUCITA

—Caperucita, la más pequeña
de mis amigas, ¿en dónde está?
—Al viejo bosque se fue por leña,
por leña para amasar.

—Caperucita, di, ¿no ha venido?
¿Cómo tan tarde, no regresó?
—Tras ella todos al bosque han ido,
pero ninguno se la encontró...

—Decidme niños, ¿qué es lo que pasa?
¿Qué mala nueva llegó a la casa?
¿Por qué esos llantos? ¿Por qué esos gritos?

¿Caperucita no regresó?
—Sólo trajeron sus zapatitos
¡Dicen que un lobo se la comió!

Francisco Villaespesa
(español)

CINDERELLA

La historia de Cinderella
Es una historia muy bella
Se parece al de la ninfa
Del gusanito de seda.

En un cestito encantado
La crisálida durmiente
Cambia su traje arrugado
Por un vestido esplendente.

Y en el salón alumbrado
De un palacio oro y azul
Danza la princesa un sueño
Vaporoso como el tul.

Cinderella, mariposa...
Princesa de un sueño azul
Creo en los cuentos de hadas
Porque hay niñas como tú.

DALILA DÍAZ ALFARO DE SOSA
(puertorriqueña)

LA HORMIGUITA Y RATÓN PÉREZ

La hormiguita y Ratón Pérez
se casaron anteayer.
¿Dónde fue? Yo no lo sé,
qué coloretín qué coloretón.
¡Que viva la hormiga,
que viva el ratón!
Ella es buena y hacendosa,
y él es muy trabajador,
qué coloretín, qué coloretón.
¡Que viva la hormiga,
que viva el ratón!

Autor anónimo

LA COJITA

La niña sonríe: «¡Espera,
voy a coger la muleta!»

Sol y rosas. La arboleda
movida y fresca, dardea
limpias luces verdes. Gresca
de pájaros, brisas nuevas.
La niña sonríe: «¡Espera,
voy a coger la muleta!»

Un cielo de ensueño y seda,
hasta el corazón se entra.
Los niños, de blanco, juegan,
chillan, sudan, llegan:
«...¡menaaa!»

La niña sonríe: «¡Espeeera,
voy a coger la muleta!»

Saltan sus ojos. Le cuelga
girando falsa la pierna.

Le duele el hombro. Jadea
contra los chopos. Se sienta.
Ríe y llora y ríe: «¡Espera,
voy a coger la muleta!»

¡Mas los pájaros no esperan;
los niños no esperan! Yerra
la primavera. Es la fiesta
del que corre y del que vuela...
La niña sonríe: «¡Espera,
voy a coger la muleta!»

JUAN RAMÓN JIMÉNEZ
(español)

LA POBRE VIEJECITA

Erase una viejecita
sin nadita que comer
sino carnes, frutas, dulces,
tortas, huevos, pan y pez.

Bebía caldo, chocolate,
leche, vino, té y café,
y la pobre no encontraba
qué comer ni qué beber.

Y esta vieja no tenía
ni un ranchito en qué vivir,
fuera de una casa grande
con su huerta y su jardín.

Nadie, nadie la cuidaba
sino Andrés y Juan y Gil
y ocho criados y dos pajes
de librea y corbatín.

Nunca tuvo en qué sentarse
sino sillas y sofás
con banquitos y cojines
y resorte al espaldar.

Ni otra cama que una grande
más dorada que un altar,
un colchón de blanda pluma,
mucha seda y mucho holán.

Y esta pobre viejecita
cada año, hasta su fin,
tuvo un año más de vieja
y uno menos que vivir.

Y al mirarse en el espejo
la espantaba siempre allí
otra vieja de antiparras,
papalina y peluquín.

Y esta pobre viejecita
no tenía qué vestir
sino trajes de mil cortes
y de telas mil y mil.

Y a no ser por sus zapatos,
chanclas, botas y escarpín,
descalcita por el suelo
anduviera la infeliz.

Apetito nunca tuvo
acabando de comer,
ni gozó salud completa
cuando no se hallaba bien.

Se murió de mal de arrugas
ya encorvada como un 3,
y jamás volvió a quejarse
ni de hambre ni de sed.

Y esta pobre viejecita
al morir no dejó más
que onzas, joyas, tierras, casa,
ocho gatos y un turpial.

Duerma en paz, y Dios permita
que logremos disfrutar
las pobrezas de esa pobre
y morir del mismo mal.

Rafael Pombo
(colombiano)

LOS ZAPATICOS DE ROSA

Hay sol bueno y mar de espuma,
Y arena fina, y Pilar
Quiere salir a estrenar
Su sombrerito de pluma.

—¡Vaya la niña divina!—
Dice el padre, y le da un beso.
—¡Vaya mi pájaro preso
A buscarme arena fina!

—Yo voy con mi niña hermosa—
Le dijo la madre buena.
¡No te manches en la arena
Los zapatitos de rosa!

Fueron las dos al jardín
Por la calle del laurel:
La madre cogió un clavel
Y Pilar cogió un jazmín.

Ella va de toda juego,
Con aro, balde y paleta,
El balde es color violeta;
El aro es color de fuego.

Vienen a verlas pasar:
Nadie quiere verlas ir:
La madre se echa a reír,
Y un viejo se echa a llorar.

El aire fresco despeina
A Pilar, que viene y va
Muy oronda: —Dí, mamá:
¿Tú sabes qué cosa es reina?

Y por si vuelven de noche
De la orilla de la mar,
Para la madre y Pilar
Manda luego el padre el coche.

Está la playa muy linda:
Todo el mundo está en la playa:
Lleva espejuelos el aya
De la francesa Florinda.

Está Alberto, el militar
Que salió en la procesión
Con tricornio y con bastón,
Echando un bote a la mar.

¡Y qué mala, Magdalena
Con tantas cintas y lazos,
A la muñeca sin brazos
Enterrándola en la arena!

Conversan allá en las sillas,
Sentadas con los señores,
Las señoras, como flores,
Debajo de las sombrillas.

Pero está con estos modos
Tan serios, muy triste el mar:
¡Lo alegre es allá, al doblar,
En la barranca de todos!

Dicen que suenan las olas
Mejor allá en la barranca,
Y que la arena es muy blanca
Donde están las niñas solas.

Pilar corre a su mamá:
—¡Mamá, yo voy a ser buena;
Déjame ir sola a la arena:
Allá, tú me ves, allá!

—¡Esta niña caprichosa!
No hay tarde que no me enojes:
Anda, pero no te mojes
Los zapaticos de rosa.

Le llega a los pies la espuma:
Gritan alegres las dos:
Y se va, diciendo adiós,
La del sombrero de pluma.

¡Se va allá, donde muy le
Las aguas son más salobres,
Donde se sientan los pobres,
¡Donde se sientan los viejos!

Se fue la niña a jugar,
La espuma blanca bajó,
Y pasó el tiempo y pasó
Un águila por el mar.

Y cuando el sol se ponía
Detrás de un monte dorado,
Un sombrerito callado
Por las arenas venía.

Trabaja mucho, trabaja
Para andar; ¿qué es lo que tiene
Pilar, que anda así, que viene
Con la cabecita baja?

Bien sabe la madre hermosa
Por qué le cuesta el andar:
—¿Y los zapatos, Pilar,
Los zapaticos de rosa?

¡Ah, loca! ¿en dónde estarán?
¡Dí, dónde, Pilar! —Señora—
Dice una mujer que llora—,
¡Están conmigo: aquí están!

Yo tengo una niña enferma
Que llora en el cuarto oscuro,
Y la traigo al aire puro
A ver el sol, y a que duerma.

Anoche soñó, soñó
Con el cielo, y oyó un canto:
Me dio miedo, me dio espanto,
Y la traje, y se durmió.

Con sus dos brazos menudos
Estaba como abrazando;
Y yo, mirando, mirando
Sus piececitos desnudos.

Me llegó al cuerpo la espuma,
Alcé los ojos, y vi
Esta niña frente a mí
Con su sombrero de pluma.

Se parece a los retratos
Tu niña —dijo—. —¿Es de cera?
¿Quiere jugar? ¡Si quisiera!...
¿Y por qué está sin zapatos?

Mira: La mano le abrasa,
Y tiene los pies tan fríos
¡Oh, toma, toma los míos;
Yo tengo más en mi casa!

No sé bien, señora hermosa,
Lo que sucedió después:
¡Le vi a mi hijita en los pies
Los zapaticos de rosa!

Se vio sacar los pañuelos
A una rusa y a una inglesa;
El aya de la francesa
Se quitó los espejuelos.

Abrió la madre los brazos.
Se echó Pilar en su pecho,
Y sacó el traje deshecho,
Sin adornos y sin lazos.

Todo lo quiere saber
De la enferma la señora:
¡No quiere saber que llora
De pobreza una mujer!

—¡Sí, Pilar, dáselo! ¡Y eso
También! ¡Tu manta! ¡Tu anillo!—
Y ella le dio su bolsillo:
Le dio el clavel, le dio un beso.

Vuelven calladas de noche
A su casa del jardín,
Y Pilar va en el cojín
De la derecha del coche.

Y dice una mariposa
Que vio desde su rosal
Guardados en un cristal
Los zapaticos de rosa.

JOSÉ MARTÍ
(cubano)

LAS TRES ROSAS

A la quinta, quinta, quinta,
de una señora de bien
llega un lindo caballero,
corriendo a todo correr.
Como el oro es su cabello,
como la nieve su tez,
como luceros sus ojos,
y su voz como la miel.
—¡Qué Dios or guarde, señora,
—¡Caballero, a vos también!

—Dadme un vasito de agua,
que vengo muerto de sed.
—Fresquita como la nieve,
caballero, os la daré,
que mis hijas la cogieron
al tiempo de amanecer.
—¿Son hermosas vuestras hijas?
—Como el sol de Dios las tres.
—¿Dónde están que no las veo?
—Cada cual en su quehacer,
que así deben estar siempre
las mujercitas de bien.
—Decidme cómo se llaman.
—La mayor se llama Inés;
la mediana, Dorotea,
y la pequeña Isabel.
—Decid a todas que salgan,
que las quiero conocer.
—La mediana y la pequeña
a la vista las tenéis,
que por veros han dejado
de planchar y de coser.
La mayor, coloradita
se pone cuando la ven,
y se está en su cuarto, cose
que cose, y vuelta a coser.
—Lindas son las dos que veo,
como rosas del vergel;
pero debe ser más linda
la que no se deja ver.
¡Que Dios os guarde, señora!
—Caballero, a vos también—.
Ya se marcha el caballero
corriendo a todo correr.

A la quinta, quinta, quinta
de la señora de bien
llegan siete caballeros
siete semanas después.
—Señora, buena señora,
somos criados del rey,
que hoy hace siete semanas
vino aquí muerto de sed.
Tres hijas como tres rosas,

nos ha dicho que tenéis.
Venga, venga con nosotros
esa que se llama Inés,
esa que coloradita
se pone cuando la ven,
que en los palacios reales
va a casarse con el rey.

Antonio de Trueba
(español)

LAS TRES CAUTIVAS

En el campo moro,
en la verde oliva,
allí cautivaron
tres hermosas niñas.

El pícaro moro
que las cautivó,
a la reina mora
se las entregó.

Toma reina mora
estas tres cautivas
para que te laven
para que te vistan.

La mayor, lavaba
la menor tendía,
y la más pequeña
el agua subía.

Un día en la fuente,
en la fuente fría,
se encontró un buen viejo
y así le decía:

—¿Dónde vas, buen viejo,
Camina y camina?
—A buscar tres hijas
que perdí hace días.

—¿Cómo se llamaban
esas tres cautivas?
—La mayor, Constanza,
la menor, Sofía
y la más pequeña
es mi Rosalía.

　　Mientras esto hablaba,
díjole la niña:
Tú eres mi padre.
Y yo soy tu hija
Yo voy a contárselo

　　La mayor lloraba,
la menor gemía,
y la más pequeña
de gozo reía.

　　No llores, Constanza,
no gimas, Sofía,
que la reina mora
nos vuelve a la vida.

Autor anónimo

A MARGARITA DEBAYLE

Margarita, está linda la mar,
y el viento
lleva esencia sutil de azahar;
yo siento
en el alma una alondra cantar:
tu acento.
Margarita, te voy a contar
un cuento.

Este era un rey que tenía
un palacio de diamantes,
una tienda hecha del día
y un rebaño de elefantes.

Un kiosco de malaquita,
un gran manto de tisú,
y una gentil princesita,
tan bonita,
Margarita,
tan bonita como tú.

Una tarde la princesa
vio una estrella aparecer;
la princesa era traviesa
y la quiso ir a coger.

La quería para hacerla
decorar un prendedor,
con un verso y una perla
una pluma y una flor.

Las princesas primorosas
se parecen mucho a ti.
Cortan lirios, cortan rosas,
cortan astros. Son así.

Pues se fue la niña bella,
bajo el cielo y sobre el mar,
a cortar la blanca estrella
que la hacía suspirar.

Y siguió camino arriba,
por la luna y más allá;
mas lo malo es que ella iba
sin permiso del papá.

Cuando estuvo ya de vuelta
de los parques del Señor,
se miraba toda envuelta
en un dulce resplandor.

Y el rey dijo: «¿Qué te has hecho?
Te he buscado y no te hallé;
y ¿qué tienes en el pecho,
que encendido se te ve?»

La princesa no mentía.
Y así, dijo la verdad:
«Fui a cortar la estrella mía
a la azul inmensidad.»

Y el rey clama: «¿No te he dicho
que el azul no hay que tocar?
¡Qué locura! ¡Qué capricho!
El Señor se va a enojar.»

Y dice ella: «No hubo intento;
yo me fui no sé por qué.
Por las olas y en el viento
fui a la estrella y la corté.»

Y el papá dice enojado:
«Un castigo has de tener:
vuelve al cielo, y lo robado
vas ahora a devolver.»

La princesa se entristece
por su dulce flor de luz,
cuando entonces aparece
sonriendo el Buen Jesús.

Y así dice: «En mis campiñas
esa rosa la ofrecí:
son mis flores de las niñas
que al soñar piensan en mí.»

Viste el rey ropas brillantes,
y luego hace desfilar
cuatrocientos elefantes
a la orilla de la mar.

Rubén Darío
(nicaragüense)

LA NIÑA Y LA LUNA

La niña lloraba
por coger la luna.
La madre le dice:
—Niña, si es de espuma...

—No es de espuma, madre.
Yo quiero cogerla.
La madre le dice:
—Niña, si es de cera...

—No es de cera, madre.
Yo quiero alcanzarla.
La madre le dice:
—Niña, si es de nácar...

Llorando la niña
se quedó dormida.
El ángel del sueño
la lleva en la brisa.

La niña despierta
con ojos risueños.
—Madre, fui a la luna
y es... ¡de caramelo!

CARMEN NATALIA
(dominicana)

EL LAGARTO ESTÁ LLORANDO...

El lagarto está llorando.
La lagarta está llorando.
El lagarto y la lagarta
con delantalitos blancos.

Han perdido sin querer
su anillo de desposados.

¡Ay, su anillito de plomo,
ay, su anillito plomado!

Un cielo grande y sin gente
monta en su globo a los pájaros.

El sol, capitán redondo,
lleva un chaleco de raso.

¡Miradlos, qué viejos son!
¡Qué viejos son los lagartos!

¡Ay cómo lloran y lloran,
¡ay! ¡ay! ¡cómo están llorando!

Federico García Lorca
(español)

JUAN BOBO

El cuento de Juan Bobo
va a empezar
antes que mis niñitos
se vayan a acostar.

Había una vez
y dos son tres
un niñito que todo
lo hacía al revés.

El cuento de Juan Bobo
ya empezó;
uno de mis niñitos
ya se durmió.

Juan Bobo vio a una niña
barriendo mi balcón
y en tono cariñoso
la escoba le pidió.

«Juan Bobo, ¿qué te pasa?
Tú no sabes barrer,
pues barres contra el viento
y lo haces al revés.

Por eso es,
por eso es,
que te dicen Juan Bobo
toditos a la vez.»

El cuento de Juan Bobo
se acabó;
otro de mis niñitos
ya se durmió.

MERCEDES AMALIA MARCHAND
(puertorriqueña)

PAJARITO BOBO

Ha bajado del árbol
el pajarito bobo...
Siendo el cielo tan ancho,
se acurruca en el polvo.

Aunque cantar no sabe
tiene piquito de oro:
para alisar la pluma,
para buscar el piojo.

¡Mediodía de marzo!...
¡Qué parlanchín el loro!
Juegan a cuatro esquinas
guacalchías y tordos.

¿Por qué tan en silencio
el pajarito bobo,
con las alas caídas,
con el sueño en los ojos?

¿Piensa en el gusanito
—gusanín, gusanongo—
confite de cumpleaños,
bocadito de antojo?

¿Quiere picar el grano,
beber agua del chorro,
y coger, sin moverse,
el abejón más gordo?

Ninguno tan confiado.
Nadie tan perezoso.
¡Tienes que darle cuerda
al pajarito bobo!

   CLAUDIA LARS
   (salvadoreña)

EN LILIPUT

Hormigas sobre un
grillo inerte. Recuerdo
de Gulliver en Liliput.

   JOSÉ JUAN TABLADA
    (mexicano)

LA MARIPOSA

—Mariposa, mariposa
¿adónde vas tan jubilosa?
—A buscar perfume y miel
en las flores del vergel.

Me esperan lirios azules,
jazmines y durazneros.
Me envolverán en sus tules
nupciales, los limoneros.

¡Ay, mariposa, detente,
yo te quiero acariciar!
—No puedo, niña. Mi vida
es volar, siempre volar.

   GASTÓN FIGUEIRA
    (uruguayo)

LAS HORMIGUITAS

Como siempre, en silencio,
van al trabajo;
vestiditas de negro,
salen rezando.
Por la flor de los campos,
a todas horas,
por la flor de los campos
hacen la ronda.

Cruzan igual camino
sus compañeras
y algo muy al oído
todas conversan.
Con su carga de hojas
—verde milagro—
a su túnel ahora
ya van marchando.

Tan calladas que vuelven
y tan de prisa,
por el rumbo de siempre,
las hormiguitas.

Manuel F. Rugeles
(venezolano)

LA ARAÑITA

Ayer contemplé una araña
Como un hada en su telar
Tejiendo una mantillita
Sin aguja ni dedal.

De un ovillo misterioso
Sacaba hilitos de luna
y una reja en mi ventana
Dibujaba con premura.

¡Mi linda reja de luna!
¡Mi bello encaje español!
Con sólo darle la brisa
De pronto se desató.

En la brisa columpiaba
Mi mantillita de luz.
Onda que se riza al viento
Y se pierde en el azul...

¡«La araña —pensé— Qué triste!
Cómo no habrá de llorar...»
Y patinando en sus hilos
La vi otra vez comenzar.

DALILA DÍAZ ALFARO DE SOSA
(puertorriqueña)

DE HIERRO, SEDA Y ROCÍO

Zapaticos
de hierro
para el caballo.

Zapaticos
de seda
para el bebé.

Boticas
de rocío
para la
araña.
Y zapatos
de cuero
para
mi pie.

¡Oh! mis
deditos
limpios
y abrigados...

Son como
ratoncitos
que acaban
de nacer.

O los
siete
enanitos
de Blancanieve
se han
convertido
en diez!

      Morita Carrillo
       (venezolana)

INFANCIA DEL RÍO

Cuando el río, niño,
se echó a correr por el campo,
no sabía a dónde ir...
Tanteaba las colinas
trémulo de una emoción
nueva, insospechada...
Iba a un lado y otro
aturdido
por el sol, por el viento, por el verde...
Una mariposa
lo turbaba;
podía tornarlo blanco,
amarillo, triste... Y cuando
el río quiso volverse
a la piedra tibia,
a la sombra húmeda y dulce
de la piedra
de donde había salido,
ya era tarde...

      Dulce María Loymaz
         (cubana)

X

NAVIDAD

VILLANCICO

Duérmete Niño en la cuna,
mientras voy por los pañales
que están tendidos en rosas
y lavados en cristales.
La Virgen está lavando
y tendiendo en el romero
los angelitos cantando
y el romero floreciendo.

Los pastores y zagales,
caminan hacia el Portal,
llevando llenos de frutas
los cestos y el delantal.

Cuando la Virgen fue a Misa
al templo de Salomón,
el vestido que llevaba
era de rayos de sol.

Autor anónimo

LA HUÍDA A EGIPTO

Y la borriquilla
—trás, trás, trás, trás, trás—,
ajena y sencilla,
marcaba el compás.

La Virgen María
soporta el vaivén.
¿Dónde la alegría
del día de Belén?

Y sueña, llorando,
con la Anunciación:
el Ángel, hablando;
Ella en oración.

Luego, la sorpresa
del casto José
y el cuerpo que pesa
con peso de fe.

Cuánta la alegría
de la vecindad...
«No llores, María,
premió tu humildad.»

El Ángel, que fiebre
a su cuerpo dio.
Más tarde el pesebre,
y el Niño nació.

Coro de pastores,
zambomba, rabel,
Tres Reyes, Loores.
Mirra, incienso, miel.

—¡Qué dulce la vida
cuando todo en flor!
Parece rendida
a mi Niño Amor.

Tranquilo y risueño
será el porvenir.
Ya casi me sueño
mi alegre vivir.

¡Oh, cuánta ventura!...
Mi casa, mi afán;
José, que procura
la leche y el pan.

Yo cose, cosiendo,
y a todo coser,
pañales tejiendo
para mi querer.

Cuidando del fuego
le podré cantar...
¡Qué dulce este juego
de poder soñar!

Todo sueño ha sido.
Huraño, José;
mi Amor, perseguido
sin saber por qué...

Mi fuente de risa
no tiene un rumor.
José, todo prisa;
yo, toda dolor.

Y la borriquilla
—trás, trás, trás, trás, trás—,
ajena y sencilla,
marcaba el compás.

Augusto Haupold Gay
(español)

EL ESTABLO

Al llegar la medianoche
y al romper en llanto el Niño,
las cien bestias despertaron
y el establo se hizo vivo.

Y se fueron acercando,
y alargaron hasta el Niño
los cien cuellos anhelantes
como un bosque sacudido.

Bajó un buey su aliento al rostro
y se lo exhaló sin ruido,
y sus ojos fueron tiernos
como llenos de rocío.

Una oveja lo frotaba,
contra su vellón suavísimo,
y las manos le lamían,
en cuclillas, dos cabritos...

Las paredes del establo
se cubrieron sin sentirlo
de faisanes, y de ocas,
y de gallos, y de mirlos.

Los faisanes descendieron
y pasaban sobre el Niño
la gran cola de colores;
y las ocas de anchos picos,

arreglábanle las pajas;
y el enjambre de los mirlos
era un velo palpitante
sobre del recién nacido...

Y la Virgen, entre cuernos
y resuellos blanquecinos,
trastocada iba y venía
sin poder coger al Niño.

Y José llegaba riendo
a acudir a la sin tino.
Y era como bosque al viento
el establo conmovido...

Gabriela Mistral
(chilena)

BURRITO SANTO

Borriquito blando de la Virgen María,
Manso borriquito que llevó a Jesús
Con su Santa Madre que al Egipto huía
Una noche negra sin astros ni luz.

Lindo borriquito de luciente lomo:
Hasta el niño mío te venera ya,
Y dice, mirando tu imagen en cromo:
¿Es el de la Virgen que hacia Egipto va?

¡Dulce borriquito todo mansedumbre;
Nunca a tus pupilas asomó el vislumbre
Más fugaz y leve del orgullo atroz;

Y eso que una noche sin luna ni estrellas
Por largos caminos dejaste tus huellas,
Llevando la carga sagrada de un Dios!

JUANA DE IBARBOUROU
(uruguaya)

NOCHEBUENA

Pastores y pastoras,
abierto está el edén.
¿No oís voces sonoras?
Jesús nació en Belén.

La luz del cielo baja,
el Cristo nació ya,
y en un nido de paja
como avecilla está.

El niño está friolento;
¡oh! noble buey:
arropa con tu aliento
al niño rey.

Los cantos y los vuelos
invaden la extensión,
y están de fiesta cielos
y tierra... y corazón.

Resuenan voces puras
que cantan en tropel:
¡Hosanna en las alturas
al Justo de Israel!

Pastores, en bandada
venid, venid,
a ver a la anunciada
flor de David.

La luz del cielo baja,
el Cristo nació ya,
y en un nido de paja
como avecilla está.

AMADO NERVO
(mexicano)

EL VEINTICINCO DE DICIEMBRE

Veinticinco
de diciembre,
noche blanca,
luz celeste.
Tarde abierta
al silente.
Niño rosa
virgen tenue.

Veinticinco
de diciembre,
cuadra oscura,
paja verde,
nace estrella
sin simiente,
cerca, junto
al pesebre.

Veinticinco
de diciembre,
reyes magos
y juguetes,
los camellos
lucen pieles
y le imponen
voz de suerte.
Veinticinco
de diciembre,

FRANCISCO GORDO-GUARINOS
(español)

CANTAR DE LA VIRGEN

Yo duermo a este Niño
llamado Jesús
con nanas de estrellas
en pajas de luz.
Yo duermo a este Niño
que llaman Manuel
con voces de ángel
que saben a miel.
Duerme, Niño mío,
hojita de amor,
que en tus ojos duerme
el mundo de Dios.

CASANDRA RIVERA
(puertorriqueña)

ÁRBOL DE NAVIDAD

Árbol luminoso
de la Navidad,
tu cimera verde
nos dé claridad
y alegría y triunfo
en la tempestad:
Árbol luminoso
de la Navidad.

Eres, árbol claro,
un amanecer:
tu sombra es la fuente
que apaga la sed
y nos hace buenos
hasta sin querer:
Eres, árbol claro,
un amanecer.

Por ti es bello el mundo
y dulce el vivir,
árbol inefable
que no tiene fin,
alta y luminosa
torre de marfil:
Por ti es bello el mundo
y dulce el vivir.

Nació en un pesebre
el Dios del Amor,
hombre, por nosotros
conoció el dolor,
y alumbró la vida
con su resplandor:
Nació en un pesebre
el Dios del Amor.

Desde ti sonríe
el Niño de Luz,
besa nuestras almas
su mirada azul
y nos hace puros
amando, Jesús:
desde ti sonríe
el Niño de Luz.

Roberto Meza Fuentes
(chileno)

CANCIÓN AL NIÑO JESÚS

Si la palmera pudiera
volverse tan niña, niña,
como cuando era una niña
con cintura de pulsera
Para que el Niño la viera...

Si la palmera tuviera
las patas del borriquillo,
las alas de Gabrielillo
Para cuando el Niño quiera,
correr, volar a su vera...

Si la palmera supiera
que sus palmas algún día...
Si la palmera supiera
por qué la Virgen María
la mira... Si ella tuviera...
Si la palmera pudiera...
...la palmera...

    Gerardo Diego
     (español)

JESUSITO DE MI VIDA,

Tú eres niño como yo,
por eso te quiero tanto
y te doy mi corazón;
tómalo, tómalo, tuyo es, mío no.
Tiritando estás de frío
y buscando vas calor,
aunque calienta muy poco
aquí está mi corazón.
Para alumbrarte mereces
una lámpara mejor,
aunque es poco lo que alumbra,
aquí está mi corazón.
Oculto dentro del pecho
para Ti lo guardo yo,
que en la vida y en la muerte
aquí está mi corazón.
Todo tuyo, Jesús mío,
te prometo ser desde hoy,
y en prueba de que soy tuyo,
aquí está mi corazón.

   José Luis de Urrutia, S. J.
     (español)

ÍNDICES

TABLA DE CONTENIDO*

A modo de primer verso 5

I

CANCIONES DE CUNA

Amado Nervo	Adriano del Valle
NIÑITO VEN 9	CANCIÓN DE CUNA DE LOS ELEFANTES 15
Blanca R. Villa	Fernando Luján
CANCIÓN DE CUNA 9	EL CARACOL, LA LUCIÉRNAGA Y EL GRILLO 16
Anónimo	Germán Berdiales
LA VIRGEN SE ESTÁ PEINANDO 10	CANCIÓN DE CUNA PARA LOS JUGUETES 16
Gabriela Mistral	Fryda Schultz de Mantovani
MECIENDO 11	CANTO DE CUNA DEL LITORAL ARGENTINO 17
Juana de Ibarbourou	Federico García Lorca
LAS CANCIONES DE NATACHA 11	NANA DE LA TORTUGA 18
Ildefonso Pereda Valdés	Gabriela Mistral
CANCIÓN DE CUNA PARA DORMIR A UN NEGRITO 14	ESTRELLITA 18
Lydia Cabrera	Gabriela Mistral
CANCIÓN DE CUNA CONGA 14	YO NO TENGO SOLEDAD 19
Gabriela Mistral	
CON TAL QUE DUERMAS 15	

* El índice de TÍTULO DE POEMAS incluye títulos y algunos primeros versos como títulos cuando el poema no aparece con título.
Los primeros versos aparecen en letra baja para los poemas sin título. Los que aparecen en letra alta se refieren al título del poema.

II

JUEGOS INFANTILES

Anónimo			Angelina Acuña	
Tin Marin	23		Trompo de colores	25
Anónimo			Anónimo	
La muñeca	24		Los diez perritos	26
Lil de María Ramos			Nimia Vicens	
Magia de estrellas	25		La chiringa	27

III

ORIENTACIONES

José Selgas			Manuel F. Rugeles	
La esperanza	31		Manifiesto del árbol	37
Amado Nervo			Morita Carrillo	
La campanita	31		Palabras de una matita	38
Blanca Estrella			Luis de Góngora	
Caminito de la escuela	32		La flor y la miel	39
Marcelo Zambrano T.			Baldomo Fernández Moreno	
El lápiz	32		Voces del jardín	39
Gonzalo Dobles			M. Fernández Juncos, tr.	
El libro	33		Pensamientos de niña	
Gabriela Mistral			(tomado del inglés)	40
El ruego del libro	34		Gabriela Mistral	
Carmen Natalia			Piececitos	40
Mi primera graduación	35		Juan B. Huyke	
Miguel Agustín Príncipe			El mosquito	41
La balanza delatora	36		Luis Alberto Murray	
Graciela Rojas Corales			La gota de agua	41
Vacaciones	36			

IV

NATURALEZA

Alfonsina Storni
IREMOS A LA MONTAÑA   45
Angeles Pastor
LLUVIA BARRENDERA   46
Carmelita Vizcarrondo
LA TORTUGUITA PINTADA   46
Juan B. Grosso
QUI-QUI-RI-QUI   47
Juan B. Grosso
LOS PATITOS DEL CORRAL   48
Fernán Silva Valdés
LOS POLLITOS   49
José Sebastián Tallón
EL SAPITO GLQ-GLQ-GLQ   50
Oscar Jara Azúcar
CANARITO   50
Julio J. Casal
EL GORRIÓN   51
Manuel Fernández Juncos
PENSAMIENTOS DE UN PAJA-
RILLO   52
Anónimo
LA RANITA   52
Gregorio Martínez Sierra
EL MOLINO   53
Fernán Silva Valdés
ROMANCE PARA UN AMANE-
CER   53
Edda Arriga
PALOMITA EN LA PLAYA   54
Edda Arriga
MI VAQUITA BLANCA   54
Nimia Vicens
SUEÑO DEL CERDITO RUBIO   55
Carmen Alicia Cadilla
CORDERITOS   56

Nimia Vicens
EL ALMENDRO   57
Ester Feliciano Mendoza
LIMONERO   57
Dalila Díaz Alfaro de Sosa
LA PALMA SIEMPRE ESTÁ
BELLA   58
María Rega Molina
JARDINCITO   59
Gabriela Mistral
LA MARGARITA   59
Dalila Díaz Alfaro de Sosa
LA BEGONIA   60
Rafael Rivera Otero y Luis
Rechani Agrait
AMAPOLAS   60
Leopoldo Lugones
EL AVE MARINA   60
Luis Barrios Cruz
CUANDO EL CABALLO SE PARA   61
Amado Nervo
EL PUENTE   61
Cesáreo Rosa-Nieves
EL RÍO   62
Andrés Eloy Blanco
EL POEMA DEL RÍO   62
Joaquín Gil de Lamadrid
LETANÍA MATINAL   62
Enrique Peña Barrenechea
BLANCA LA MAÑANA   63
Baldomero Fernández Moreno
A UN CABALLO DE CALESITA   64
María Rega Molina
ESCALA DE AGUA   65
Claudia Lars
GUSANO   65

V

FAMILIA

Carmelina Vizcarrondo	
EL ÁNGEL DE LA GUARDA	69
Emma Pérez	
EL BEBITO	70
Lupe Alvarez V.	
MIS ZAPATITOS	70
Emma Pérez	
CANCIÓN MIMOSA DE LA MADRE	71
Triguenos de León	
MI MADRE	71
Germán Berdiales	
LA TIJERA DE MAMÁ	72
Dulce María Loynaz	
CANCIONCITA DEL PERRO SONIE	72
Tomás Allende Iragorri	
ABUELITA	73
María Rega Molina	
CASITA	74
Ida Reboly	
VENTANITA FLORIDA	75
Ernesto Mario Barreda	
LA AGUJA	75
Emma Pérez	
MI MADRE	76
María Luisa Muñoz de Buendía	
REPASO	77
Gonzalo Robles	
LOS ZAPATONES DE MI PAPÁ	78
Federico García Lorca	
CANCIÓN TONTA	79
Ricardo E. Pose	
EL CAPITÁN	79
Hugo Lindo	
PREGUNTAS	80
Emma Pérez	
MIS PADRES	81
Dulce María Loynaz	
Palomita que vas volando	82

VI

RONDAS

ARROZ CON LECHE	85
LA COJITA	86
LA MUÑECA VESTIDA DE AZUL	87
MAMBRÚ	87
QUE LLUEVA, QUE LLUEVA	88
Carlos María de Vallejo	
SEÑORA SANTANA	89
Carlos María de Vallejo	
ARRE CABALLITO	89
LA PÁJARA PINTA	91
NARANJAS DULCES	91
HILITO, HILITO DE ORO	92
Frida Schultz de Mantovani	
CANCIÓN DE PERICO	92
Marcos Leibovich	
RONDA DEL LEÓN	93
UN GATO CAYÓ EN UN POZO	93
A LA RUEDA, RUEDA	94
AL ÁNIMO, AL ÁNIMO	94
URSULA	94
EL PATIO DE MI CASA	95
Gabriela Mistral	
RONDA CUBANA	95

VII

POEMAS EN MINIATURA

Ana Rosa Núñez
   Tanto cantan las ranas   99
Antonio Machado
   Canta, canta, canta   99
Morita Carrillo
   EL CANDADO   99
Vital Aza
   DOMINGOS   100
Antonio Machado
   El niñito se queja   100
Antonio Machado
   La primavera ha venido   100
Ramón del Valle Inclán
   Encumbrado sobre una rama...   101
Ana Rosa Núñez
   Qué inquieta andaría la vida   101
Ramón del Valle Inclán
   La cotorra verdigualda   101
Antonio de Undurraga
   No hay olvido   101
José Juan Tablada
   LA LUNA   101
Antonio de Undurraga
   Tu misión más plena   102
Gerardo Diego
   GUITARRA   102
Ana Rosa Núñez
   Como devota en misa   102
José Juan Tablada
   LOS SAPOS   102
Ramón Gómez de la Serna
   La oruga es el ferrocarril   103
José Juan Tablada
   EL PAVO REAL   103
Antonio de Undurraga
   Nada nos falta   103
José Juan Tablada
   EL MONO   103

Ana Rosa Núñez
   Desde la reja   104
José Juan Tablada
   LA ARAÑA   104
Ramón Gómez de la Serna
   Alguna estrella   104
Federico García Lorca
   Gota de cocodrilo   104
Jorge Carrera Andrade
   GUACAMAYO   104
Luis Barros Cruz
   LA CHICHARRA   105
Isabel Freire
   LAS MARIPOSAS   105
José Juan Tablada
   LA TORTUGA   105
Jorge Carrera Andrade
   GRILLOS   105
Jaime Barrios Archila
   BARQUITO   106
Gregorio Castañeda Aragón
   ENSENADA   106
Ana Rosa Núñez
   En invierno la cigarra   106
José Juan Tablada
   EL BURRITO   106
Antonio de Undurraga
   Ilusión y olvido constante   107
Baldomero Fernández Moreno
   CREPÚSCULO   107
Antonio de Undurraga
   Partieron los pájaros marinos   107
José Antonio Dávila
   LECCIÓN   108
Antonio de Undurraga
   La lluvia al caer danza   108
Isabel Freire
   VIOLETA   108

Ramón Gómez de la Serna
  El camello lleva a cuesta 108
José Juan Tablada
  SANDÍA 109
Baldomero Fernández Moreno
  MIRASOLES 109
Jorge Carrera Andrade
  CARACOL 109
Rafael Alberti
  MI CORZA 109
Ramón Gómez de la Serna
  La estatua 110
Ana Rosa Núñez
  Hilando de loto en flor 110
Carmen Alicia Cadilla
  GOLONDRINAS 110
Dalila Díaz Alfaro de Sosa
  LA COTORRITA 111
Conchita Calderón
  MI CARRITO COLORADO 111

Baldomero Fernández Moreno
  EL SACAPUNTAS 111
Ana Rosa Núñez
  Torero de luz 112
Jorge Luis Borges
  La guitarra es una herida 112
Jorge Carrera Andrade
  OSTIÓN 112
Jorge Luis Borges
  Anda de estrella en estrella 112
Jorge Carrera Andrade
  GRILLOS 112
Carlos García Prada
  EL COLIBRÍ 113
Flavio Herrera
  LA ABEJA 113
Dulce María Loynaz
  La niña no está muerta 113
Dulce María Loynaz
  Nube, viaje del agua por el cielo 113

VIII

UNIVERSO

José Luis de Urrutia
  El reloj lo hizo el relojero 117
Gabriela Mistral
  PROMESA A LAS ESTRELLAS 117
Ida Reboli
  ¡POBRE NUBECITA! 118
Francisco Manrique Cabrera
  SE VAN LAS ESTRELLAS 119

Fernán Silva Valdés
  TROPILLA DE ESTRELLAS 120
Francisco González Guerrero
  ORTO LUNAR 121
Cesáreo Rosa-Nieves
  La luna cayó en el mar 121

IX
PEQUEÑAS FÁBULAS

Emma Pérez
  MI MAESTRA 125
José Martí
  LOS DOS PRÍNCIPES 126
Agustí Bartra
  CANCIÓN DEL MOLINERO 127
Andrés de Piedra-Bueno
  VERSOS DE MAR 129
José Martí
  DE TELA BLANCA Y ROSADA 130
Francisco Villaespesa
  CAPERUCITA 131
Dalila Díaz Alfaro de Sosa
  CINDERELLA 131
Anónimo
  LA HORMIGUITA Y RATÓN PÉREZ 132
Juan Ramón Jiménez
  LA COJITA 132
Rafael Pombo
  LA POBRE VIEJECITA 133
José Martí
  LOS ZAPATICOS DE ROSA 135
Antonio de Trueba
  LAS TRES ROSAS 139

Anónimo
  LAS TRES CAUTIVAS 141
Rubén Darío
  A MARGARITA DEBAYLE 142
Carmen Natalia
  LA NIÑA Y LA LUNA 144
Federico García Lorca
  EL LAGARTO ESTÁ LLORANDO 145
Mercedes Amalia Marchán
  JUAN BOBO 146
Claudia Lars
  PAJARITO BOBO 147
José Juan Tablada
  EN LILIPUT 148
Gastón Figueira
  LA MARIPOSA 148
Manuel F. Rugeles
  LAS HORMIGUITAS 149
Dalila Díaz Alfaro de Sosa
  LA ARAÑITA 149
Morita Carrillo
  DE HIERRO, SEDA Y ROCÍO 150
Dulce María Loynaz
  INFANCIA DEL RÍO 151

X
NAVIDAD

Anónimo
  VILLANCICO 155
Augusto Haupold Gay
  LA HUIDA A EGIPTO 155
Gabriela Mistral
  EL ESTABLO 157
Juana de Ibarbourou
  BURRITO SANTO 158
Amado Nervo
  NOCHEBUENA 159

Francisco Gordo-Guarinos
  EL VEINTICINCO DE DICIEMBRE 160
Casandra Rivera
  CANTAR DE LA VIRGEN 161
Roberto Meza Fuentes
  ÁRBOL DE NAVIDAD 161
Gerardo Diego
  CANCIÓN AL NIÑO JESÚS 162
José Luis de Urrutia, S. J.
  JESUSITO DE MI VIDA 163

Tabla de contenido 167
Índice de autores 174
Índice de autores anónimos 176
Índice de títulos de poemas 177

ÍNDICE DE AUTORES

A

Acuña, Angelina, 25
Alberti, Rafael, 109
Álvarez V., Lupe, 70
Allende Iragorri, Tomás, 73
Arriga, Edda, 54

B

Barreda, Ernesto Mario, 75
Barrios Archila, Jaime, 106
Barrios Cruz, Luis, 61, 105
Bartra, Agustí, 127
Berdiales, Germán, 16, 72
Blanco, Andrés Eloy, 62
Borges, Jorge Luis, 112

C

Cabrera, Lydia, 14
Cadilla, Carmen Alicia, 56, 110
Calderón, Conchita, 111
Carmen, Natalia, véase Natalia, Carmen
Carrera Andrade, Jorge, 104, 105, 109, 112
Carrillo, Morita, 38, 99, 150
Casal, Julio J., 51
Castañeda Aragón, Gregorio, 106

D

Darío, Rubén, 142
Dávila, José Antonio, 108
Díaz Alfaro de Sosa, Dalila, 58, 60, 111, 131, 149
Diego, Gerardo, 102, 162
Dobles, Gonzalo, 33, 78

E

Estrella, Blanca, 32

F

Fernández Juncos, Manuel, 40, 52
Fernández Moreno Baldomo, 39, 64, 107, 109, 111
Figueira, Gastón, 148
Freire, Isabel, 105, 108

G

García Lorca, Federico, 18, 79, 104, 145
García Prada, Carlos, 113
Gay, Augusto Haupold, véase Haupold Gay, Augusto, 157
Gil de Lamadrid, Joaquín, 62
Gómez de la Serna, Ramón, 103, 104, 108, 110
Góngora, Luis de, 39
González Guerrero, Francisco, 121
Gordo-Guarinos, Francisco, 160
Grosso, Juan B., 47, 48

H

Haupold Gay, Augusto, 157
Herrera, Flavio, 113
Huyke, Juan B., 41

I

Ibarbourou, Juana de, 11, 158

J

Jara Azúcar, Oscar, 50
Jiménez, Juan Ramón, 132

L

Lars, Claudia, 65, 148
Leibovich, Marcos, 93
Leon, Triguenos de, 71
Lindo, Hugo, 80
Loynaz, Dulce María, 72, 82, 113, 151
Lugones, Leopoldo, 60
Luján, Fernando, 16

M

Machado, Antonio, 99, 100
Manrique Cabrera, Francisco, 119
Marchand, Mercedes Amalia, 146
Martí, José, 126, 130, 135
Martínez Sierra, Gregorio, 53
Mendoza, Ester Feliciano, 57
Meza Fuentes, Roberto, 161
Mistral, Gabriela, 11, 15, 18, 19, 34, 40, 59, 95, 117, 157
Murray, Luis Alberto, 41

N

Natalia, Carmen, 35, 144.
Nervo, Amado, 9, 31, 61, 159
Nieves, Cesáreo Rosa, véase Rosa-Nieves, Cesáreo
Núñez, Ana Rosa, 99, 101, 102, 104, 106, 110, 112

P

Pastor, Ángeles, 46
Peña Barrenechea, Enrique, 63
Pereda Valdés, Ildefonso, 14
Pérez, Emma, 70, 71, 76, 81, 125

Piedra-Bueno, Andrés de, 129
Pombo, Rafael, 133
Pose, Ricardo E., 79
Príncipe, Miguel Agustín, 36

R

Ramos, Lil de María, 25
Reboly, Ida, 75, 118
Rechani Agrait, Luis, 60
Rega Molina, María, 59, 65, 74
Rivera, Casandra, 161
Rivera Otero, Rafael, 60
Rojas Corales, Graciela, 36
Rosa-Nieves, Cesáreo, 62, 121
Rugeles, Manuel F., 37

S

Schultz de Mantovani, Fryda, 17, 92
Selgas, José, 31
Silvia Valdés, Fernán, 49, 53, 120
Storni, Alfonsina, 45

T

Tablada, José Juan, 101, 102, 103, 104, 105, 106, 109, 148
Tallón, José Sebastián, 50
Trueba, Antonio de, 139

U

Undurraga, Antonio de, 101, 102, 103, 107, 108
Urrutia, José Luis de, 117, 163

V

Valle, Adriano del, 15
Valle Inclán, Ramón del, 101
Vallejo, Carlos María de, 89
Vicens, Nimia, 27, 55, 57
Villa, Blanca R., 9
Villaespesa, Francisco, 131
Vital Aza, 100
Vizcarrondo, Carmelina, 46, 69

Z

Zambrano T., Marcelo, 32

ÍNDICE DE ANÓNIMOS

Los diez perritos, 27
La hormiguita y ratón Pérez, 132
La muñeca, 24
La ranita, 52

Tin, marin, 23
Las tres cautivas, 141
Villancico, 155
La Virgen se está peinando, 10

ÍNDICE DE TÍTULOS DE POEMAS

A LA RUEDA RUEDA, 94
A UN CABALLO DE CALESITA, 64
LA ABEJA, 113
ABUELITA, 73
LA AGUJA, 75
AL ÁNIMO, AL ÁNIMO, 94
Alguna estrella..., 104
EL ALMENDRO, 57
AMAPOLAS, 60
Anda de estrella en estrella..., 112
EL ÁNGEL DE LA GUARDA, 69
LA ARAÑA, 104
LA ARAÑITA, 149
ÁRBOL DE NAVIDAD, 161
ARRE CABALLITO, 89
ARROZ CON LECHE, 85
El ave marina..., 60

LA BALANZA DELATORA, 36
BARQUITO, 106
EL BEBITO, 70
LA BEGONIA, 60
BLANCA LA MAÑANA, 63
EL BURRITO, 166
BURRITO SANTO, 158

El camello lleva a cuestas..., 108
CAMINITO DE LA ESCUELA, 32
LA CAMPANITA, 31
CANARITO, 50
CANCIÓN AL NIÑO JESÚS, 162
CANCIÓN DE CUNA, 9
CANCIÓN DE CUNA CONGA, 14
CANCIÓN DE CUNA DE LOS ELEFANTES, 15

CANCIÓN DE CUNA PARA DORMIR A UN NEGRITO, 14
CANCIÓN DE CUNA PARA LOS JUGUETES, 16
CANCIÓN DEL MOLINERO, 127
CANCIÓN DE PERICO, 92
CANCIÓN MIMOSA DE LA MADRE, 71
CANCIÓN TONTA, 79
LAS CANCIONES DE NATACHA, 11
CANCIONCITA DEL PERRO SONIE, 72
EL CANDADO, 99
Canta, canta, canta..., 99
CANTAR DE LA VIRGEN, 161
CANTO DE CUNA DEL LITORAL ARGENTINO, 17
CAPERUCITA, 131
EL CAPITÁN, 79
CARACOL, 109
EL CARACOL, LA LUCIÉRNAGA Y EL GRILLO, 16
CASITA, 74
CINDERELLA, 131
LA COJITA, 86
LA COJITA, 132
EL COLIBRÍ, 113
Como devota en misa..., 102
CON TAL QUE DUERMAS, 15
CORDERITOS, 56
La cotorra verdigualda..., 101
LA COTORRITA, 111
CREPÚSCULO, 107
CUANDO EL CABALLO SE PARA, 61

LA CHICHARRA, 105
LA CHIRINGA, 27

DE HIERRO, SEDA Y ROCÍO, 150

177

De tela blanca y rosada, 130
Desde la reja..., 104
Los diez perritos, 26
Domingos, 100
Los dos príncipes, 126

En invierno la cigarra..., 106
En Liliput, 149
Encumbrado sobre una rama..., 101
Ensenada, 106
Escala de agua, 65
La esperanza, 31
El establo, 157
La estatua..., 110
Estrellita, 18

La flor y la miel, 39

Un gato cayó en un pozo, 93
Golondrinas, 110
El gorrión, 51
Gota de cocodrilo..., 104
Grillos, 105
Grillos, 112
Guacamayo, 104
Guitarra, 102
La guitarra es una herida..., 112
Gusano, 65

Hilando de loto en flor..., 110
Hilito, hilito de oro, 92
La hormiguita y ratón Pérez, 132
La huida a Egipto, 155

Ilusión y olvido constante..., 107
Infancia del río, 151
Iremos a la montaña, 45

Jardincito, 59
Jesusito de mi vida, 163
Juan bobo, 146

El largarto está llorando..., 145
El lápiz, 32
Lección, 108
Letanía matinal, 62

El libro, 33
Limonero, 57
La luna, 101
La luna cayó en el mar..., 121

La lluvia al caer danza..., 108
Lluvia barrendera, 46

Magia de estrellas, 25
Mambrú, 87
Manifiesto del árbol, 37
La margarita, 59
A Margarita Debayle, 142
La mariposa, 148
Las mariposas, 105
Meciendo, 11
Mi carrito colorado, 111
Mi corza, 109
Mi madre, 71
Mi madre, 76
Mi maestra, 125
Mi primera graduación, 35
Mi vaquita blanca, 54
Mis padres, 81
Mis zapatitos, 70
Mirasoles, 109
El molino, 53
El mono, 103
El mono Pepito y el oso Pipón, 48
El mosquito, 41
La muñeca, 24
La muñeca vestida de azul, 87

Nada nos falta..., 103
Nana de la tortuga, 18
Naranjas dulces, 91
La niña no está muerta..., 113
La niña y la luna, 144
El niñito se queja..., 100
Niñito ven, 9
No hay olvido..., 101
Nochebuena, 159
Nube, viaje del agua por el cielo..., 113

Orto lunar, 121
La oruga es el ferrocarril..., 103

OSTION, 112

LA PÁJARA PINTA, 91
PAJARITO BOBO, 147
PALABRAS DE UNA MATITA, 38
LA PALMA SIEMPRE ESTÁ BELLA, 58
PALOMITA EN LA PLAYA, 54
Palomita que vas volando..., 82
Partieron los pájaros marinos..., 107
EL PATIO DE MI CASA, 94
LOS PATITOS DEL CORRAL, 48
EL PAVO REAL, 103
PENSAMIENTOS DE NIÑA, 40
PENSAMIENTOS DE UN PAJARILLO, 52
PIECECITOS, 40
¡POBRE NUBECITA!, 118
LA POBRE VIEJECITA, 133
EL POEMA DEL RÍO, 62
LOS POLLITOS, 49
PREGUNTAS, 80
La primavera ha venido..., 100
PROMESA A LAS ESTRELLAS, 117
EL PUENTE, 61

Qué inquieta andaría la vida..., 101
QUE LLUEVA, QUE LLUEVA, 88
Qui-qui-ri-qui..., 47

LA RANITA, 52
El reloj lo hizo el relojero..., 117
REPASO, 77
EL RÍO, 62
ROMANCE PARA UN ATARDECER, 53

RONDA DEL LEÓN, 93
EL RUEGO DEL LIBRO, 34
EL SACAPUNTAS, 111
SANDÍA, 109
EL SAPITO GLO-GLO-GLO, 50
LOS SAPOS, 102
SE VAN LAS ESTRELLAS, 119
SEÑORA SANTANA, 89
SUEÑO DEL CERDITO RUBIO, 55

Tanto cantan las ranas..., 99
LA TIJERA DE MAMÁ, 72
TIN, MARÍN, 23
Torero de luz..., 112
LA TORTUGA, 105
LA TORTUGUITA PINTADA, 46
LAS TRES CAUTIVAS, 141
LAS TRES ROSAS, 139
TROMPO DE COLORES, 25
TROPILLA DE ESTRELLAS, 120
Tu misión más plena..., 102

URSULA, 94

VACACIONES, 36
EL VEINTICINCO DE DICIEMBRE, 160
VENTANITA FLORIDA, 75
VERSOS DE MAR, 129
VILLANCICO, 155
VIOLETA, 108
LA VIRGEN SE ESTÁ PEINANDO, 10
VOCES DEL JARDÍN, 39

YO NO TENGO SOLEDAD, 19

LOS ZAPATICOS DE ROSA, 135
LOS ZAPATONES DE MI PAPÁ, 78

Este libro acabóse de imprimir
el día 12 de octubre de 1985
en los talleres gráficos
de EDITORIAL
VOSGOS, S. A.
Barcelona
(España)

www.ingramcontent.com/pod-product-compliance
Lightning Source LLC
Chambersburg PA
CBHW022013290426
44109CB00015B/1159